教育という病

子どもと先生を苦しめる「教育リスク」

内田良

光文社新書

はじめに

　私たちが教育を論じるとき、そこでは、教育は子どもを善き方向へと導くものだという前提が共有されている。教育とは、総じて「善きもの」である。

　しかし、その教育において、多くの問題が生み出されてきたことも私たちはよく知っている。体罰、自殺、いじめ、不登校などに関する話題は、連日のように発信され、私たちは心を痛めている。

　本書は、それら教育の「負の側面」を論じるものである。これまでにも多くの書が、教育問題という負の側面に関心を寄せてきた。だが、それらの問いかけのなかで欠けてきたのは、教育のさまざまな問題が、教育の「正の側面」を追求するからこそ起きているという視点だった。教育という「善きもの」は善きがゆえに歯止めがかからず、暴走していく。「感動」や「子どものため」という眩《まばゆ》い教育目標は、そこに潜む多大なリスクを見えなくさせる。

当の活動が内包する心身のリスクは、非教育的だからこそ生じるのではなく、まさに教育的だからこそ生じるものである。だから、本書のテーマである「教育リスク」という言葉には、「教育だからこそ見えなくなるリスク」という意味を込めている。善きものとしての教育がもつ「病」の側面を照らし出すための造語である。

「教育リスク」そのものは、あらゆる教育活動を含むものだが、本書ではそのなかでも、教育活動の中心地である学校に焦点を絞りたい。

ここで重要なのは、教育に関連するリスクであるからには、リスクが想定されるのは、子どもだけに限らないということである。子どもの心身のリスクにくわえて、学校教育の担い手である教員についても、その心身のリスクを射程に入れなければならない。

教育界ではこれまで長らく、「学校安全」という言葉が掲げられてきた。古くは1959年に成立した「日本学校安全会法」にその記載を見ることができる。学校安全とは「学校における安全教育及び安全管理をいう」、かなり幅広い概念である。だが、どういうわけだろうか、現実のところ学校安全が対象としているのは、「子どもの安全」でしかなかった。

もちろん、子どもの安全は、教員の安全よりも優先されるべきである。しかし、子どもの安全だけを考えていてよいのか。教員の安全は、どこにあるのか。

子どもが健全であるためには、指導者たる教員もまた健全でなければならない。そして、子どもが安心して生活できることによって、教員もまた安心して指導に向き合えるというものである。

このように、本書が直接に着目するのは、学校教育における子どものリスクと教員のリスクである。その点では、まず学校教育のあり方を批判的に検討することになる。だが、本書が問いを投げかけているのは学校関係者だけではないことを、ここに宣言しておきたい。

私の本職は大学教員であり、教育学部で仕事をしている。そのため、現職の先生とは、公私にわたってお付き合いがある。そしてプライベートでの食事会にもなると、先生からは学校の日常に関する問題点や愚痴を、毎度のように耳にする。

さらに直接には面識がない先生からも、内々に多くの情報が、メールやSNSを通じて寄せられている。「学校名も個人名も出せないけれども……」と、学校内で起きている問題を教えてくださる方々がいる。なかには、教育関連の行政に立場を置きながら、「匿名で申し訳ないが、ぜひ改善の手助けをしたい」と、問題の実情を整理し、提示してくださる方々もいる。

学校の内部から、先生自身が声をあげている。じつはそこには、これからの教育のあり方を考えるためのヒントが隠されている。

学校のあり方が批判的に検討されるとき、その背後には「学校vs.市民」(保護者を含む)という構図が描かれがちだ。先生たちの考えは、市民感覚からずれているという見方である。いじめ事案や「体罰」事案が表沙汰になったときに、私たちが一斉に学校を非難するのも、そうした構図があるからこそ成り立つものである。

だが、今日の学校教育を、すべての先生が支持しているわけではない。少なからぬ先生が問題に気づき、それを改善したいと願っている。

このようにして教員が、学校の教育内容に対し自ら批判の目を向けるとき、外部にいる私たち市民も暢気《のんき》に構えているわけにはいかなくなる。「学校vs.市民」という安直な図式にのって、学校を批判している場合ではない。

ある部活動の顧問が、毎週土曜日(さらには日曜日にも)の部活動を取りやめにしようと提案したときに、反対の声をあげたのは、学校の先生たちではなく保護者だった。組体操のリスクを考慮して別の種目を採用したいのだけれども、そこで先生たちが気にするのは、保護者や地域住民の目線だ。このとき学校の変革にとって障壁となっているのは、内部の先生ではなく、外部の市民である。

学校的価値を信じ、重要視しているのは学校関係者以上に、もしかすると外部の市民かもしれない。その意味で本書は、学校教育のあり方を問うだけではなく、それを支えている私たち市民の側の学校観をも問い直すことになる。

最後に、本書を着想するに至った経緯を説明し、本書の見取り図を簡単に述べたい。

私は「教育社会学」を専門としている。教育社会学は、教育について考える学問であり、そのルーツは「社会学」にある。

社会学は、社会調査を駆使して、エビデンス（科学的根拠）によって現象を解明することが得意な学問である。そして私はまさにそのエビデンスを軸にして、教育リスクの検証や解明に取り組んでいる。これまで、本書で詳細に検討していく柔道や組体操における事故の実態を明らかにしたり、あるいは部活動指導における教員側の負担を訴えたりしてきた。

教育界は長らく、「学校安全」あるいは「子どもの安全」の取り組みに力を注いできた。

そのこと自体は正しかったのだが、そこにはエビデンスが不在だった。なんとなく危険かもしれないが、とくにエビデンスによる検証もなく、漫然と「安全」が語られ実践されてきた。具体的な事故件数を調べたり、事故事例を検討したりという、科学的な手続きがとられてこなかったのである。

だから私は、講演会に呼ばれたときには冗談交じりに、「私は算数の専門家です」と自己紹介する。学校の安全は、しばしば安全を掲げた理想論や精神論でしかなく、そこに具体的なエビデンスが活用されてこなかった。事故がそもそも何件起きているのか、どのような事故パターンが多いのか、小学校の算数を使えばわかるようなことさえ、放棄されてきた。

エビデンスを欠いたかたちでの学校安全の推進は、善きものとして教育が猛進してしまうことと無関係ではない。両者はいずれも、できるだけ科学的な方法で現実を直視するという態度とは正反対である。

学校安全は、事故の実態を見ないまま目標を立ててきたし、善きものとしての教育も、理想の眩さに目がくらんで現実を直視してこなかった。これからどうするのかという未来の理想像を唱えることに主眼が置かれ、過去に何が起きたのか、いま何が起きているのかといった、過去と現在の実態に関する丁寧な検証を軽視してきたのである。

しかし、実態把握なくしては、未来の理想も語れないはずだ。実態にもとづかない理想像は、実質的なリスク回避には役立たない。従来の学校安全の志向を修正するためにも、そして善きものとしての教育を再考するためにも、そして何よりも子どもや先生に安全・安心を提供するためにも、エビデンスを軸にしたアプローチは重要な役割を果たす。本書では、エビデンスが利用できるテーマに関しては、できる限りエビデンスを示しながら分析を進めていきたいと思う。

＊　＊　＊

私がこれまでの教育リスクに関わる活動を通して強く感じるようになったのは、社会的な問題としてはとりあげられていなくても、個々には疑問を感じている人たちがたくさんいるということである。本書を執筆したのは、内田良という一個人であるが、問題意識や具体例の多くは、現場教員、保護者、生徒らの声から得られたものである。

本書のなかには、私自身の関心は低かったものの、複数の方からの問題提起を受けて、私が真剣に取り組むようになったテーマもある。また、本書には無味乾燥にも思えるたくさんの数字が登場するけれども、それらもまた、多くの声とともに生まれてきたものであることを知っておいてほしい。

ただ「教育」というだけで、子どもや教員に降りかかるリスクが見えなくなる。「教育」という眩い理念の陰で、身も心もボロボロになっている子どもや先生がいる。では、「教育」という大義名分から解き放たれたときに、いったい何が見えてくるのか——。

一度「教育」の眩さを遮ってみよう。市民である自分もまた「教育」を無自覚に信じてきたことを思い起こしてみよう。安心な学校生活は、リスクに向き合うところから、始まっていく。

〈付記〉
本書は、科学研究費補助金・若手研究（B）「学校管理下のスポーツにおける死亡・障害事例の分析：根拠に基づく実態解明と安全対策」（課題番号24700648、研究代表者：内田良）における研究成果の一部である。

教育という病——目次

序 章

リスクと向き合うために

――エビデンス・ベースド・アプローチ

「つきもの論」

多種多様な教育リスクのなかで、私が早い段階に着手したものの1つに柔道事故がある。その柔道事故の問題を世に訴えたとき、もっともよく耳にした言葉の1つが、「柔道に怪我はつきもの」であった。

そして、組体操の問題を訴えたときも同じだった。「スポーツに怪我はつきもの。何でもかんでも危険と言ったら、何もできなくなる」と反論された。

もっとも強烈に印象に残っているのは、組体操のリスクに関して、スポーツ施設の管理運営に携《たずさ》わる方が、フェイスブック上で「怪我はつきもの」と主張していたことである。組体操のリスクはまったく考慮《こうりょ》されず、私の意見は一蹴《いっしゅう》されてしまった。スポーツ施設の関係者でさえ、そのような考えをもつ人がいる。ましてや、スポーツを専門としない教員や保護者がそのように考えても、不思議ではない。

こうした類《たぐい》の主張を、「怪我はつきもの」から取って、「つきもの論」とよびたい。

「つきもの論」が登場するのは、スポーツ事故に限らない。「2分の1成人式」(小学4年生が10歳になったその節目を祝う学校行事)に対しても同様の主張はたくさんあった。つまり、「どんな行事や授業も、それを不満に思う子どもはいる」「子どもの嫌な思いに耳を貸していたら、学校の行事も授業も何もできなくなる」と。「教育に不満はつきもの」という意味で、典型的な「つきもの論」である。

「つきもの論」には、「あらゆる活動において、事故や不満は必ず付いてくるものだから、そんなことにいちいち配慮なんてしていられない」という態度がみられる。そこには、すべての問いを一蹴し、相手を黙らせる力がある。それゆえ、インターネットにおける教育談義だけでなく、学校現場におけるコミュニケーションにおいても、「つきもの論」は多用されている。

しかしながら、考えてみると、「つきもの論」は、「どれだけ怪我をしてもよい」「どれだけ不満があってもよい」と同義である。「つきもの」なのだからと諦めるしかないということは、どれだけ「つきもの」があっても諦めるしかないということである。

はたして「つきもの論」は、「どれだけ事故があっても、配慮しなくてよいのか」といった反論にどう応えるのだろうか。まさか、「大いにけっこう。いくらでも事故をすればよい」とまで開き直ることはないだろう。

ここで私たちが気づかなければならないのは、「つきもの論」は、思考停止状態に陥《おちい》っているということである。「怪我はつきもの」「不満を感じるのは当然」と言った途端に、もう私たちはそれ以上先のことを考えようとしなくなる。怪我や不満は具体的にどのようなものなのか。それはどのようにして起きているのか。それは防ぐことができるものなのか、また防ぐべきものなのか。こういった問いは、すべて捨て去られる。

ここに決定的に欠けているのは、学校現場で起こりうる事故や不満を冷静に直視するという態度だ。その際に重要な役割を果たすのが、エビデンス・ベースド・アプローチ（科学的根拠に基づいた方法）である。

エビデンスによる「新しい学校教育観」

本書の課題は、できる限りエビデンスをもって教育リスクの所在を明示すること、そして学校現場にそのエビデンスを直視してもらうことである。なお、すでに言及したようにエビデンスとは「科学的根拠」を意味するもので、本書ではとくに数量データを指している。

エビデンスの重要性がはじめて唱えられたのはガイアット（G. H. Guyatt）の“Evidence-Based Medicine”（１９９１年）と題する医療の論説である。自分の経験や過去の権威（先輩の意見や教本）に頼るのではなく、積み重ねられてきた臨床データを参照すべきことが説かれた。

文部科学省においても、今日、エビデンスの重要性はしっかりと認識されている。

２０１２年３月の中央教育審議会答申「学校安全の推進に関する計画の策定について」をもとに、同年４月、文部科学省は「学校安全の推進に関する計画」を策定した。これは、学校保健安全法の制定（２００８年に学校保健法を大幅に改正して制定され、２００９年に施行）により、学校安全の計画策定が国に義務づけられたことを受けたものである。

その計画の３本の柱として、「安全教育」「安全管理」とともに位置づけられたのが、「実証的な学校安全施策」である。これは、ＷＨＯ（世界保健機関）の「セーフティプロモーション」の考えにもとづいて、部門や職種の垣根を越えて協働し、科学的に評価可能な介入により事故を予防しようとするものである。

計画では、「科学的な根拠に基づいた施策を進め、評価もできる仕組みが必要である。そのため、学校現場の負担に十分担慮しつつ、学校における事件・事故災害の情報を適切に収集し、その分析に基づき、将来の事件・事故災害の減少につなげる実証的な取組がなされることが重要である」と提言されている。

「科学的な根拠に基づいた施策」「実証的な取組」という文言にあらわれているように、上記の計画は、いわば「学校安全」の分野におけるエビデンス・ベースド・アプローチの宣言でもあった。
はじめにで触れたように、教育界はこれまで長らく、「学校安全」に取り組んできたが、それを達成するうえで重要な役割を果たしうるにもかかわらず、エビデンスは「学校安全」の取り組みからは漏れ落ちてきた。「学校安全」に関する上記の新しい計画策定は、エビデンスの重視に特質があり、新しい「学校安全」観の登場といってもよい大きな変革である。

「事件衝動型」への違和感

「学校安全」の対象は、「生活安全」「交通安全」「災害安全」の3つの領域にまたがっている。しかし実際のところ、そうした大局的な目線のもとで学校安全施策が進められてきたとは言いがたい。

2000年以降、学校安全の主眼は、「不審者対策」と「震災対策」にあった。とりわけ2000年代については、「学校安全」はときに「不審者対策」の代名詞となっていた。不審者対策は「学校安全」のなかの「生活安全」領域の1つに位置づけられるべきだが、しばしば「学校安全」そのものであるかのように扱われていた。

その出発点は、2001年6月8日に大阪教育大学附属池田《おおさかきょういくだいがくふぞくいけだ》小学校で起きた、外部からの侵入者による児童・教員の殺傷事件（児童8名が死亡、児童13名・教員2名が重軽傷）である。学校史上もっとも凶悪かつ被害の甚大なこの事件は、学校安全の施策を不審者対策へと大きくシフトさせることになった。

今日のこうした学校安全施策はしばしば「事件衝動型（event driven）」（OECD, 2005, Lessons in Danger: School Safety and Security）であるといわれる。このとき具体的な解決策は、一事例をもとに立案される。すなわち、人びとが強く衝動を感じた当の事例そのものがまた起きたとしたら、それをどう防ぐかが議論されるのである。

ここで大切なのは、1つの事例に衝動的に反応することはよしとしても、その後は、視野をもっと拡げて事故事例をできるだけ集約し、科学的根拠にもとづいた議論や分析をおこなうという姿勢である。それを経ることで、いったいどの種の事故パターンがどの程度起きているのか、事故の典型例はどのようなものかが浮かび上がり、より効果的な対策の立案へとつながっていく。

じつは、私自身もまさにそのような経過をたどっている。附属池田小学校の惨事を受けて、子どもの安全、学校安全がもっと推進されることを強く望むようになった。そのときに、事件衝動型ではなく、もっとエビデンスを集めて子どもの安全を守るという幅広い視野から、子どもが遭遇するリスクを考えるに至ったのである。

女児転落死が教えてくれたこと

エビデンスには、なんとなく思っていたこと、あるいはぜんぜん気づいていなかったことを、私たちの目の前に客観的な証拠として明らかにしてくれるはたらきがある。その一例として、かつて子どもが校舎から転落死した小学校に、私が足を運んだときのことを紹介したい（なお、正確には「墜落死」と表記すべきであるが、慣例的に「転落死」とする）。

その小学校では、低学年の女児が校舎上階から転落、死亡した。教室の窓際に低い本棚があり、遊んでいてそこに乗った際に、開いていた窓から不意に外に落ちてしまったのである。女児は病院に搬送されたものの、頭部などを強く打ちつけており、数時間後に短い生涯を閉じることとなった。

子どもが死亡するという最悪の事態を受け、先生も保護者も悲痛な思いのなか、その小学校はPTAとも連携しながら、従来の学校安全対策の全面的見直しと、事故防止策の徹底に乗り出した。

当の事案は、校舎からの転落事故である。だが、学校としては幅広く学校安全をとらえ、転落事故に限らずさまざまな場面や状況における学校安全の確立を目指した。

新たに始められた取り組みの1つが、学校の敷地内で起きた怪我のマップをつくるというものである。まずは養護教諭が、保健室を訪れた子どもの記録をもとに、学校敷地内のどの場所で怪我が起きたのかを整理する。そして、そのデータにもとづいて、保健委員の子どもが学校の敷地図のなかの怪我発生場所に1つひとつシールを貼っていった。1つのシールは1件の怪我をあらわし、青色と赤色に区別されていて、前者が打撲や打ち身、後者が切り傷・擦り傷・やけどを示す。マップを見れば、どの場所でどのような怪我が多く起きているかが、一目瞭然である。

ただ漫然と事故対策をおこなうのではなく、シールを貼って負傷事故の発生場所と件数を目に見えるようにすることで、どこに焦点を絞るべきかが明確になり、また、作業を通して、新たな発見にたどり着くこともある。

取り組みをおこなった養護教諭の言葉で、忘れられないことがある。その先生は、体育館や校庭にたくさんのシールが貼られることになるだろうと予測していた。しかし、「こうして調べてみたら、意外にも教室の怪我が多かった」と言うのである。

実際私が目にしたマップにも、教室にたくさんのシールが貼られており、ＰＴＡと教職員

	教　室	体育館・ 屋内運動場	廊　下	階　段
小学校	66,830	75,145	23,796	19,869
中学校	25,264	137,587	17,670	9,763
高　校	4,611	88,864	2,955	3,376

出典：独立行政法人日本スポーツ振興センター『学校の管理下の災害〔平成25年度版〕』の統計表より作成

表１　校舎内の主な事故発生場所とその事故件数［2012年度］

による敷地内の安全点検に同行した際には、教室内の点検が細かく丁寧におこなわれていた。エビデンス・ベースドから負傷事故の発生状況を整理した結果、より効果的に事故防止を達成するための、新たな関心のあり方が生み出された。学校安全を推進していくうえでの、モデルにすべきよい事例である。

ところで、この例をさらに全国データ（『学校の管理下の災害25　基本統計』）に照らし合わせて、確認してみよう。２０１２年度のデータに関して、校舎内の場所別に事故の件数をみたのが表１である。小学校では体育館・屋内運動場の７万５１４５件に次いで教室が６万６８３０件とあるように、教室でも多くの事故が起きている。これは、中学校や高校では体育館・屋内運動場の事故に比べて、教室のそれが少ないことと対照的である。

もし、先生が中学校から小学校に異動するような場合にはとくに、「教室は安全」という発想からぬけ出《で》る必要がある。体育館で起きる事故の防止は、もちろん最優先事項である。しかし、灯台下暗し、事故は先生の目と鼻の先でも起きていることが理解されなければならない。

このように、1つの出来事をきっかけにして視野を拡げながらエビデンスを用いることで、より実質的な安全が確保されていくのである。

学校安全の現実

ここで、私自身がどのような意図をもって学校管理下の事故や事件に関心をもつようになったのか、その経緯を「エビデンス」と絡めながら再度説明したい。

私がエビデンスにもとづく学校事故・事件の研究に着手したのは、2006年のことであった。先述のとおり、当時、学校安全の最大の課題は不審者対策にあった。2001年6月の附属池田小学校で起きた無差別殺害事件により、学校内に侵入してくる不審者が危険視された。学校には防犯カメラが設置され、校門は固く閉ざされた。

2005年には、広島市と栃木県今市市（現在は日光市）で小学生女児が、登下校中に連れ去られて殺害されるという事件が立て続けに起きた。ここでは、通学路における不審者が危険視され、登下校時にはボランティアや保護者が子どもを見守るようになった。

当時は、学校関係者だけでなく一般市民を含め、大勢の人たちが子どもの安全を真剣に考え始めた時期であった。私もその高まる気運に、問題意識を触発された一人である。ただ私の場合は、不審者対策がその時点である程度かたちになりつつあったので、それとは別のテーマを設定すべきだと考えていた。

不審者への対応はもちろん重要である。だが、私が気がかりだったのは、世にはほとんど知られていないけれども、重大事故が起きている類のものがたくさんあるのではないかということだった。

そこでさっそく、学校管理下における事故の統計や調査研究を探し始めた。ところが、どうにも学校事故全体を幅広く見渡すデータというものがほとんど見つからない。「学校安全」という言葉で語られているのは、漠然とした危機感や個別の事故事例をもとにした事件衝動型の教育実践であった。

学校事故を数量的なデータ、すなわちエビデンスから概観することはできないか。資料を探してみたところたどりついたのが、『学校の管理下の死亡・障害事例と事故防止の留意点』(平成25年度版より、負傷事故に関する統計資料『学校の管理下の災害』に統合、独立行政法人日本スポーツ振興センター）である。同書は毎年刊行されていて、そこからは学校管理下で起きた死亡・障害事例のデータを得ることができる。

1つひとつの事故事例は、同センターの保険業務である災害共済給付制度によって把握されており、災害共済給付制度は、幼稚園や保育所から高等専門学校（高専）までを対象とし、加入率は96％にのぼる。ほぼすべての子どもが対象となっていることから、日本の学校事故を網羅する貴重なデータソースであるといえる。

しかし率直にいうならば、同書は保険業務から得られたさまざまな事故事例が一面的に掲載され、それが毎年刊行されているにすぎない。同書には死亡事例が数行程度紹介されているだけである。つまり、何らかの分析上の目的をもって、データが整理されているわけではない。したがって、同書を具体的な目的をもって活用するには、何らかの手間暇をかけなければならない。

それがまさに学校安全の現実であり、だからこそ、エビデンスを活用した調査研究が要請されるのである。

カード化された死亡事例

「社会的無関心」と「死亡例の多さ」のギャップ

そこで、まずは何よりも重大事故の防止が最優先されるべきとの考えから、死亡事例の記載が確認できるもっとも古い冊子『学校での事故の事例と防止の留意点――死亡・障害〈昭和60年版〉』（日本学校健康会、１９８５年刊）とそれ以降の冊子を参照し、死亡事例を１件ずつカードに貼り付け、さらにカテゴリ別に分類していった。

カテゴリ別とはいっても、もともと「柔道事故」や「不審者」というカテゴリがあったわけではない。同冊子に掲載されている事例のカテゴリは年によって異なっている。そのため、分類作業の初期の過程で全体を見渡しながら、適宜《てきぎ》カテゴリを作成した。

作業は、アルバイトの学生複数名に手伝ってもらいながら進めて、すべての分類が終わるには、夏休みをはさんで数か月を要した。当時の時点で、カードの枚数は６０００枚を超えていた。

その作業の過程で、いくつかの事故が私たちの目に飛び込んでくることになった。そのうちの1つが、本書でも後に詳しく扱う柔道事故であった。その他にも、校舎からの転落事故や、校外学習中の事故などが、私たちに強烈な印象を残すこととなった。

なぜかというと、それらの事故は、単に死亡件数が多いというだけではない。私たちは、たとえば柔道で子どもが死亡しているということをまったく知らない。社会的に無関心である。だけれども、次々と死亡の事例がみつかっていく。この認知（社会的無関心）と実在（死亡事例数の多さ）とのギャップに、大きく驚かされたのである。

しかも、柔道にしても転落事故にしても、束ねられたカードに目を通すと、同じような事例ばかりが続いていることに愕然《がくぜん》とさせられた。たしかに別の事例にもかかわらず、その内容はあまりにそっくりなのである。

蓄積された死亡事例は、どのようにして事故が起きるのか、そのパターンはわかりきっており、事故は予測可能であること、回避可能であることを教えてくれた。

事故には共通性がある

私の知り合いの小児科医はいつも、皮肉を込めてこう言っている。「いつもクリニックに来るのは、同じ事例ばかり。なぜ事故が起きたのか、詳細を聞くまでもなくすぐわかる。新聞の事故報道だって、日付と場所を変えるだけで、あとはコピペで済むものだ」と。そしてそれにこう付け加える。「でも、それを客観的に示すエビデンスが、日本にはない。事例を集約するシステムがない」と。

事故事例を個別のものとして扱っている限りは、特殊で偶発的なこととして片付けられ、対策も立たぬまま、その事例は忘れ去られていく。しかしそこで事故事例を集約し、共通性を見出そうとする努力をしてみると、容易にいくつかの典型的な事故発生のメカニズムがみえてくる。

私は、けっして安全工学の専門家でもなければ、スポーツ科学の専門家でもない。しかし、私のような素人でも事故事例の一覧に目を通せば、事故の原因はすぐに見えてくる。何よりも問題なのは、そんな簡単な作業が、この日本社会ではこれまでほとんどおこなわれてこなかったという点にある。

この試みが成功したとき、それは次の事故を防ぐ手立てを導くことになる。同じような発生メカニズムで事故が起きているのであれば、それは次もまた起きる。だからこそ、共通性を起点にして、事故対策を立てる必要がある。共通性は過去から引き出され、それは未来にも同じくあてはまる。１つひとつの出来事を直視し、柔道事故や転落事故など、それぞれの事故の共通性を目に見えるようにしていくこと、それが私たち大人に課せられた作業である。

求められる2つの姿勢

ここまで、学校安全とエビデンスの関係を論じてきた。学校安全や学校事故を中心に物事を論じるときに、そこからどうしても漏れ落ちてしまう論点がある。それは、子どもに加えて先生の安全・安心をどう考えるかということだ。

学校教育は子どもが主人公であるため、先生に関する話題はつねに脇に置かれてしまう。それどころか、先生を聖職者とみなした「子どもに尽くすのが先生だ」という観念が、先生の苦悩をよりいっそう見えなくさせてしまっている。

前述の通り、本書ではエビデンスを、子どものためにも、そして先生のためにも活用していきたいと思う。健全な子どもは、健全な先生のもとで育つ。そうだとすれば、教育を支える先生の働き方や指導における先生自身の困難にも着目する必要がある。

子どもと先生の安全・安心を確保していくうえで、エビデンスとの関係で今日の教育に求められることが2つある。1つが、教育研究者に求められることで、エビデンスにもとづく実態把握を進めること。もう1つは、教育に関心のあるすべての人たち（もちろん先生や保護者はその中心にいる）がエビデンスを直視して教育のあり方を考えることである。

　前者については、これは研究者である私が本書で直接に応えるべき課題である。第1章以降の各論に目を通してほしい。後者については、本書が示すエビデンスに読者が向き合ってくれることを願っている。

　エビデンス・ベースドの提唱者として知られるガイアットが示した、医療の「これまで」と「これから」の対比は興味深い。

「これまで」の臨床医は治療においてわからないことが出てくれば、自分の直感や、先輩医師の意見、地域の同僚の意見、あるいは教科書に頼ってきた。一方、「これから」の臨床医はちがう、とガイアットは言う。医師はオフィスのパソコンに向かい、文献の検索を始める。そして当該の課題に関連した論文を見つけ出すのだという。エビデンス・ベースドの臨床医に求められるのは、文献検索と批判的検討と情報統合の能力である。

　蓄積されたエビデンスから、しっかりと学ぶことができるのか。それが、すべての者に課せられた宿題である。

第１章

巨大化する組体操

―― 感動や一体感が見えなくさせるもの

７段人間ピラミッド

1　熱狂する組体操

巨大化・高層化・低年齢化

複数の子どもたちが身体を組み合わせて、さまざまなかたちを表現する「組体操」が、このところ全国各地の学校で、運動会や体育祭の人気種目として関心をよんでいる。

「数年前までソーラン節だったけれども、最近になって組体操に変更した」「以前から人間ピラミッドをやっていたけれど、いまほど大きくなかった」「市内ではこのところ、どの小学校でも、3段から4段のタワーや、5段から7段のピラミッドをやっている」……こういった声を多く聞く。

今日、幼稚園から高校に至るまで、組体操は運動会の花形種目として人間ピラミッドやタワーが盛んに取り入れられ、ブームを迎えている。しかも、それはただ単に組むのではなく、見栄《みば》えのよいダイナミックな組み方を志向している。その傾向を一言であらわすならば、巨大化・高層化（高さや規模が従来よりも大きくなっている）であり、かつそれが低年齢化（幼稚園や小学校の取り組みとして拡がっている）しているということである。

図１　人間ピラミッド（10段）

巨大化・高層化の顕著な例が、兵庫県のある中学校における10段の人間ピラミッドである（図１）。それまでは９段だった最高記録が、２０１０年の９月に更新された。

10段のピラミッドは、生身の人間がなせる技なのかと疑いたくなるような代物《しろもの》である。見栄えはとてもよく、壮大なスペクタクルである。その巨大ピラミッドは１００人を優に超える生徒でつくりだされ、高さは建物の３階にまで達する。同中学校ではさらに巨大化した11段の完成が目指されたものの、ついに成功することはなかった。

人間ピラミッドの中学校最高記録は10段だが、高校では２０１４年の９月に、神戸の私立高校が11段という記録を達成した。当校の

図２　タワー（５段）

公式フェイスブックにはその動画が公開され、ツイート上では、「世界新記録」だと生徒や関係者らが喜びを分かち合った。

巨大ピラミッドは、中学校や高校だけのものではない。小学校では、７段であれば組体操の指導書のなかで紹介されるほどに、ありふれている。動画・静止画で確認できる最高記録は、私が調べた限り９段である。複数の学校で記録されている。

そして、今日では幼稚園においてもピラミッドが組まれている。３段は基本形で、４段の動画がユーチューブ上で確認できる。

盛り上がりを見せているのは、ピラミッドだけではない。タワーとよばれる円錐状に上方に積み重なっていく組体操も人気がある。

最高記録は私が確認した限りでは、小学校と高校が5段（図2）、中学校が6段である。組み方によって難易度が上がり、高層化も進む。

増え続ける研修会、研究会

組体操関連の指導書や講習会が目につくことからも、組体操ブームの到来が実感できる。教員向けの市販の指導書では、「組体操」に特化したものが出版されており、運動会シーズンに書店で教育関係の棚に足を運べば、数種類の組体操指導書が目に入ってくる。いずれの指導書も、写真や図が多く挿し込まれ、ときにはＤＶＤも付いていて、はじめて指導する教員にもわかりやすい構成となっている。

組体操は運動会のなかの一種目にすぎないが、それで一冊の指導書が出来上がることに、教育界における需要の大きさをうかがい知ることができる。

組体操の実践を研究し普及しようとする動きも起きており、関東では埼玉県組体操協会が、積極的に活動を推進している。第１回の全国組体操講習会を２０１３年４月に立ち上げ、その後も第2回（２０１３年8月）、第3回（２０１４年5月）、第4回（２０１４年7月）、第5回（２０１４年9月）と年内に複数回の全国講習会を開催している。第１回の参加者は70名であったが、第3回、第4回には200名に達している（第5回は50名限定）。

関西では、関西体育授業研究会が組体操の普及に一役を買っている。同研究会は体育科教諭の授業力向上を目的として、大阪教育大学附属池田小学校に事務局を構えて、2009年に設立された。定例会（約月1回）、組体操研修会（毎年7月）、研究大会（毎年11月）が開催されている。

年1回の組体操研修会は好評で、2010年度の第1回の研修会では160人の教員が参加したが、翌2011年度には400人、2012年度には600人と、参加者数は拡大の一途をたどっている。同研究会は、2014年5月に『子どもも観客も感動する！「組体操」絶対成功の指導BOOK』（明治図書）を刊行した。

ツイッターから生まれた社会問題

組体操が人気を集める一方で、そこに大きなリスクが潜んでいるのを見逃してはならない。そのリスクが社会の注目をあびるきっかけになったのは、ツイッターだった。

私が組体操の危険性を意識し始めたのは、2013年10月に、とあるTV局の記者から組体操を含む運動会の事故を調べてほしいとの依頼を受けたときのことである。

私はそこでざっと事故状況を調べて、記者に返事をした。最終的にそのデータが報道されることはなかったし、そもそもまだ私自身が大きな問題意識をもつに至っていなかった。

その頃は、私のなかで「柔道事故」をはじめとする部活動での死亡事故が大きなテーマであり、組体操という運動会のなかの一種目を扱う余裕はなかったことが、関心を遠ざけた。くわえて、私にとって組体操の経験といえば、「さぼてん」という2人１組でおこなうもっとも簡易な技のみで、しかもそれを「組体操」と呼ぶことさえ知らず、いまいちその危険性を想像できない状況であった。

２０１４年の5月、春の運動会シーズンに入り、ツイッター上で組体操の危険性を訴える声が入ってくるようになった。その声が大きくなるにつれて、私も組体操への関心を強めていった。

そのようななか、忘れもしない5月16日金曜日、ある教育関係者より「9段ピラミッド」というものがあるとの情報をツイッター上で得て、ユーチューブで、ある中学校の体育祭における「9段ピラミッド」「10段ピラミッド」の実像を目《ま》の当たりにした。想像をはるかに超える巨大な人間ピラミッド。「これは危ない!」と直感した。

5月中旬といえばまさに運動会シーズンの最中であり、運動会の練習や本番での重傷事故が心配された。19日の月曜日、ツイッターから生まれた緊急の提言として、「【緊急提言】組体操は、やめたほうがよい。子どものためにも、そして先生のためにも。」という記事を、ヤフーニュースの個人ページ「リスク・リポート」に発表した。これがヤフーニュースのトップページに掲載され、ページビューの数は合計で171万件、フェイスブックのシェア数は1・3万件と、大きな反響をよび、一気に人びとの目に触れることになったのであった。

「感動系スペクタクル」の最大の問題点

組体操には多くのリスクがともなうが、組体操の最大の問題点というのは、そうした多大なリスクがあるにもかかわらず、それが無視されてしまうところにある。

これはすなわち、組体操が危険だと訴える人がいる一方で、その危険性に耳を貸すことなく組体操を称賛する人たちがいるということである。後者の場合、子どもがどのようなリスクに直面していようと、その活動は教育という名のもとに正当化されてしまう。

毎年、春または秋には、全国各地の学校で運動会や体育祭が開催される。そこでの花形種目として長く親しまれてきたのが組体操である。学校によっては、組体操を見るために学区内の住民が集まってくるというところもある。

組体操を身近に経験したことがない人には想像もつかないことで、組体操の場面を考えるだけで涙が出そうになるという人たちもいる。指導する先生も、競技する子どもも、それを見守る保護者も、地域の住民も、感動の拍手を送る。もはや組体操は、運動会の花形種目という言葉だけでは表現しきれない。その場全体を涙に包む、感動系スペクタクルである。

だが、組体操は生身の人間である子どもたちが演じている。感動系スペクタクルが組体操のポジティブな側面であるとすれば、他方で組体操はそのネガティブな側面として、負傷のリスクを抱えている。私たちの感動は、子どもたちの生の身体を多大な危険にさらすことの引き換えとして得られているのである。

私はもちろん、感動ではなくリスクを訴える立場にいる。だが、私はただ「組体操は危険だ」と主張したいわけではない。私が関心をもっているのは、組体操がどの程度、またどのような点で子どもの身体を危険にさらすのかということである。感情的な意見のやりとりではなく、まずは何が起きているのか、そこを丁寧に見つめることを出発点にして、組体操のあり方を考えてみたい。

2　組体操の大きなリスク

事故の実態

それでは、組体操の具体的なリスクに踏み込んでいこう。

まずは、事故の実態である。２０１２年度一年間の、学校における組体操の重大事故情報を調べてみると、後遺症が残ったケースが小学校で3件起きている。

［小6女、体育、外貌・露出部分の醜状《しゅうじょう》障害］

体育の時間中、運動会での組体操の練習をしていた。10人タワーを行っていた時、タワー中段あたりがぐらつき一番上にいた本児童は、バランスを崩し落ちてしまった。その時、左腕を強く打ち骨折してしまった。

［小6男、体育、聴力障害］

運動会の組体操でピラミッドの練習をしていたところ、下の2段がバランスを崩してつぶれたため、下から3段目にいた本児童も地面に前のめりに落ちた。右ひじ、右足を強打し痛みがあったが、耳は特に痛みを感じなかった。その後、聴力障害が判明した。

［小5女、体育、外貌・露出部分の醜状障害］
運動会の練習で組体操をしていた。本児童は3段タワーの土台で膝をつき四つん這いになっていたところ、上段の児童がバランスを崩し本児童の左肘部に落ちてきて痛めた。

（『学校の管理下の災害〔平成25年版〕』、日本スポーツ振興センター、P31）

この3例は、「負傷」の事故ではなく、「障害」の事故である。すなわち完治しなかったということである。いずれも、タワーやピラミッドがぐらついたり崩れたりするなかで起きた事故である。

過去には、裁判に持ち込まれたものもある。1990年に福岡県立の高校で起きた障害事案では、1億円余りの損害賠償が認められた（高等裁判所にて1994年に判決確定）。8段ピラミッドの最下段にいた生徒が、ピラミッドの崩壊により頸髄《けいずい》損傷を負い全身不随に至ったケースである。

重度の障害ではなく、重度の負傷に関する裁判事例も確認できる。２００７年に名古屋市立の小学校で起きた事案では、２００万円弱の賠償が認められた（２００９年に判決確定）。４段ピラミッドの頂点から墜落し、左上腕部を骨折したケースである。

負傷事故の件数と問題点

負傷事故の件数については、全国の統計がある。これまで、組体操の危険性が指摘されることは幾度かあったものの、それが数字とともに語られることはなかっただけに、注目すべき数字である。

小学校の体育的活動（体育の授業、学校行事、特別活動 ※ここでは部活動は含まない）における組体操の負傷事故件数を見てみよう。以下のデータは、私が、『学校の管理下の災害〔平成25年版〕』を参照し、独自に再集計・分析したものである。もとの統計資料が必ずしも細かいものではないため、分析には制約がある。

単純に事故の件数の多少を比べてみると、表２にあるとおり、２０１２年度において、組

	種　目	件　数	学習指導要領の記載	取り扱い学年
1	跳箱運動	15,315	○	1～6年
2	バスケットボール	10,890	○	5～6年（3～6年）
3	組体操	6,533	×	—
4	マット運動	5,789	○	1～6年
5	サッカー・フットサル	5,631	○	3～6年
6	ドッジボール	5,105	○	1～2年
7	鉄棒運動	3,176	○	1～6年
8	ハードル走	2,946	○	3～6年
9	縄跳び	2,897	○	1～6年
10	短距離走	2,756	○	1～6年

出典：独立行政法人日本スポーツ振興センター『学校の管理下の災害〔平成25年度版〕』の統計表より作成

表2　小学校における体育的活動（部活動除く）時の負傷件数［2012年度］

体操中の事故は、跳箱運動とバスケットボールに続いて3番目に多く、負傷件数は約6500件にのぼる。

ここでいう「負傷件数」とは正確には、病院に行って5000円以上の医療費（診断や治療に直接要した額であり、健康保険適用後の自己負担額ではない）がかかったケースの数である。打撲や切り傷などちょっとした怪我であったため放置してしまえば、上記の件数にはあがってこないことになる。

組体操における負傷事故の問題点は、その件数が多いことだけではない。じつは、跳箱運動やバスケットボールとは異なり、組体操は、文部科学省が定める学習指導要領に記載がない（この点は後段で詳述する）。それにもかかわらず、負傷事故が多発しているのである。

学習指導要領に記載がないため、必ずしもすべての学校で組体操がおこなわれているわけではない。組体操はたしかに日本の運動会を代表する種目ではあるものの、自治体によっては小学校でも中学校でもまったく組体操を取り入れていないところもある。そのため、「組体操なんて、どういうものかまったく想像がつかない」という人もいる。

跳箱運動やバスケットボールであれば、誰しも経験があるだろう。しかもそれは、何回か（何年か）にわたっての経験ではないだろうか。それらに比べれば、組体操はそもそもまったく実施されていない学校があり、かつ実施している場合でも、おそらく小学校であれば、5年生または6年生のみ（または5年生と6年生の合同）である。

現実的にはこのような制限があるにもかかわらず、事故件数の多さが目立っている。すなわち、組体操では事故の件数が多いだけではなく、事故の発生率も高いことが推測されるのである。

組体操の負傷事故は、その部位別内訳をみると、さらにその深刻さがよく理解できる。

表3をみてほしい。先述の表2で負傷件数のワースト3種目について、その部位別の割合

	頭部 (%)	顔部 (%)	体幹部 頸部 (%)	肩部 (%)	胸部 (%)	腹部 (%)	背部 (%)	腰部 (%)	臀部 (%)	計 (%)	上肢部 上腕部 (%)	肘部 (%)	前腕部 (%)
跳箱運動	1.7	2.7	6.7	2.0	1.3	0.1	0.8	2.0	0.4	13.3	2.3	5.1	7.5
バスケットボール	1.6	6.9	0.4	0.5	0.2	0.0	0.1	0.4	0.1	1.7	0.3	1.1	1.4
組体操	8.2	5.7	5.9	4.0	2.0	0.4	1.9	7.3	1.0	22.5	3.6	5.2	4.6

	上肢部 手関節 (%)	手・手指部 (%)	計 (%)	下肢部 大腿部・股関節 (%)	膝部 (%)	下腿部 (%)	足関節 (%)	足・足指部 (%)	計 (%)	その他 (%)	合計 (%)	件数
跳箱運動	15.5	36.8	67.2	0.6	2.6	0.9	7.8	3.2	15.1	0.0	100	15,384
バスケットボール	3.1	67.0	72.9	0.3	2.1	0.6	10.1	3.9	17.0	0.0	100	10,806
組体操	8.4	6.0	27.8	1.2	5.5	1.1	9.6	18.2	35.6	0.4	100	6,540

出典：独立行政法人日本スポーツ振興センター『学校の管理下の災害〔平成25年度版〕』の統計表より作成

表３　小学校における体育的活動（部活動除く）時の部位別負傷件数［2012年度］

を調べてみた。マークした部位が、組体操事故の特徴を知るうえで重要なポイントである。

　跳箱運動における負傷事故の３分の１、バスケットボールでは３分の２が、「手・手指部」である。それとは対照的に、組体操では、体の中心を成す体幹部の負傷が多い。なかでも、重大事故につながりやすい頸部の割合が高い。また腰部の割合も比較的高い。

　そして、頭部の割合が大きいことも注視すべきである。これは頸部と同じように、重度障害さらには死亡という最悪の事故にもつながりかねない部位である。

法律で規制されているほどの「高さ」

巨大な組体操の画像や動画を見たときに、真っ先に驚きを覚えるのは、おそらくその「高さ」であろう。組体操の頂点は、人の背丈の何倍もの高さにある。

ここで、1つの法令を紹介したい。労働の安全衛生についての基準を定めた厚生労働省の「労働安全衛生規則」である。ここには、床面からの高さ2メートル以上の高所での作業について、「墜落等による危険の防止」のために、細かな規則が定められている。

第五百十九条　事業者は、高さが二メートル以上の作業床の端、開口部等で墜落により労働者に危険を及ぼすおそれのある箇所には、囲い、手すり、覆い等（以下この条において「囲い等」という。）を設けなければならない。

2　事業者は、前項の規定により、囲い等を設けることが著しく困難なとき又は作業の必要上臨時に囲い等を取りはずすときは、防網《ぼうもう》を張り、労働者に安全帯を使用させる等墜落による労働者の危険を防止するための措置を講じなければならない。

労働者である大人が2メートル以上のところで仕事をするときには、ここまで厳しい管理が事業者に要請されている。一方で、子どもたちが組体操という高所での教育活動に従事するときには、学校側には何の管理も求められない。

組体操には、「囲い」もなければ、「手すり」も「覆い」も「防網」もない。上段に位置する子どもたちは、つかまるところも何もない状況で、組体操という高所作業に取り組んでいる。たとえるなら、高さが3〜5メートルのグラグラする脚立の天板に、子どもが何の安全策もないままのぼるということである。大人の労働の世界ではあってはならないことが、子どもの教育の世界で繰り広げられているのである。

弁護士の渡辺輝人《わたなべてるひと》氏は、労働安全衛生規則にくわえて、建築基準法の視点からも組体操の実践を問題視している。

渡辺氏が着目したのは、ピラミッドによじ登っていくプロセスである。氏によると、建築基準法では小学校の階段について、落下防止措置として次のような規制がかけられているという。

・一段の高さは16㎝以下（※中学校と高校は18㎝以下）

・踏み面の広さ23㎝以上
・3mごとに踊り場
・手すり設置

（渡辺輝人「組体操の危険性についての法的考察」
http://bylines.news.yahoo.co.jp/watanabeteruhito/20140919-00039239/）

渡辺氏は、人間ピラミッドでは「足場ですらない人の体をよじ登っていくわけで」「そうなのに、手すりもなければ安全帯もつけない。踊り場もありません。建築基準法や労働安全衛生法の観点からは『危ない』といわざるを得ないでしょう。運動会の競技ごときで、なぜ、社会人より危ない目に遭わなければならないのか、筆者には分かりかねます」と指摘する。

子どもが階段を安全に使用するため、労働者が高所で安全に作業をするために、法令ではこれほどに細やかな規定がある。仮にそこまでの厳しさは組体操に求めないとしても、それでも今日の巨大化・高層化したピラミッドやタワーは、諸法令が要請する基準とはあまりにも対照的である。

２００キログラムを超える「重さ」

組体操の巨大化は、高所にのぼる生徒を危険にさらす。じつはそれと同時に注目しなければならないのが、土台の生徒にかかる負担である。

はたして、どれほどの負荷が土台にかかっているのか。「組体操」をタイトルに据える書籍や資料をいくつか見ても、そこに巨大ピラミッドの組み方は示されているが、生徒にかかる負荷量は記載されていない。ということは、負荷量は記載するに値しないようなものなのだろうか。それにしても、「10段」「11段」である。負荷量はけっして小さくないはずである。

そこで、人間ピラミッドの基本形を利用して、個々の生徒にかかる重量を算出した。今日よく実践される基本形は、横から見たときの断面は、10段を例にすると図３（54ページ）のとおりである。単純に一段ずつ人が重なっていくというかたちではなく、この図のように半段ずつ重なることで段数のわりに負荷量を小さくする方法がとられている。正面から背面にかけては、人数を減らすというかたちがよくとられる。負荷量の算出にあたっては、各自が腕に３、足に７の力をかけるものとした。

図４（54ページ）は、10段と11段の人間ピラミッドの基本形について、土台（１段目）にかかる負荷量を示したものである。10段（計１５１人）の場合、土台の生徒のなかでもっと

図3　人間ピラミッド（10段）を横からみた図

10段の負荷量

背面

左　右

0.5	1.4	1.7	1.7	1.4	0.5				
0.9	2.5	**3.5**	**3.9**	**3.5**	2.5	0.9			
0.9	2.2	2.9	3.2	3.2	2.9	2.2	0.9		
0.7	1.5	1.8	1.8	1.9	1.8	1.8	1.5	0.7	
0.2	0.4	0.4	0.4	0.4	0.4	0.4	0.4	0.4	0.2

正面

11段の負荷量

背面

左　右

0.9	2.4	3.3	3.6	3.3	2.4	0.9				
0.9	2.6	**3.7**	**4.2**	**4.2**	**3.7**	2.6	0.9			
0.9	2.2	2.9	3.2	3.2	3.2	2.9	2.2	0.9		
0.7	1.5	1.8	1.8	1.9	1.9	1.8	1.8	1.5	0.7	
0.2	0.4	0.4	0.4	0.4	0.4	0.4	0.4	0.4	0.4	0.2

正面

図4　10段と11段の人間ピラミッドにおける土台の負荷量

も負担が大きいのは、背面から2列目の中央部にいる生徒であり、3・9人分の負荷がかかる。中学2年生男子（全国の平均体重48・8キログラム）で190キログラム、中学3年生男子（平均54・0キログラム）で211キログラムの重量になる。これが高校生にもなれば、2年生男子（平均61・0キログラム）で238キログラム、3年生男子（平均62・8キログラム）で245キログラムとなる。

なお、先に紹介した中学校最高記録の10段ピラミッドでは、総勢137人で10段をつくりあげたと報じられている。下から数えて8段目と9段目をそれぞれ2人ずつ配置するという変則的なかたちをとることで、全体としての人数も基本形と異なるものになっていると考えられる。

11段（計196人）の場合も、基本形では10段のときと同様に、背面から2列目中央部の生徒に最大の負荷がかかり、その負荷は4・2人分にも達する。中学2年生男子で205キログラム、中学3年生男子で227キログラム、高校2年生男子で256キログラム、高校3年生男子で264キログラムの重量である。これは、歪みのない基本形にしたがって算出したものであり、ピラミッドが歪みをもった瞬間には、最大負荷はもっと大きい値になる。

想像できるであろうか。一人の生徒が四つん這いになり、おおよそ4人（200キログラム）がその上に乗っている姿を。土台の生徒は、毎日の練習で四つん這いになり、この過酷な状況を耐え忍ぶことを余儀なくされる。

２０１４年５月９日に、熊本県の公立中学校において、２年生と３年生の男子生徒約１４０人で10段のピラミッドをつくる練習中に、生徒が負傷するという事故が起きた。ピラミッドの一部が崩れて、３年生男子が救急搬送され、全治１か月程度の腰椎《ようつい》骨折と診断された。その生徒は、10段ピラミッドのいちばん下にいたという（『読売新聞』熊本版、２０１４年５月13日朝刊）。

組体操の指導書には、「小学校では７段くらいまで可能」（戸田克《とだまさる》『徹底解説 組体操』、小学館）と書かれている。７段でも最大の負荷量は２・４人分、小学６年生男子（平均38・３キログラム）で計算すると、92キログラム、女子（平均39・０キログラム）で94キログラムである。１人の小学生が同級生２・４人を背中に乗せている。これだけでも十分に異常な事態である。

私が知る限り、小学校では９段を成功させた事例がある。９段の場合、最大負荷は３・１人分、６年生男子で１１９キログラム、女子で１２１キログラムである。

子どもたちは、駒でも積み木でもない。生身の人間である。高さと重さという二大リスクを抱えながらもなお、先生たち、保護者たちは、巨大なピラミッドを求めている。

学習指導要領に記載がない

組体操は学校教育の一環としておこなわれている。その実、組体操は、前述したように文部科学省の学習指導要領には記載がない。学習指導要領とは、学校教育で扱われる教科等の目標や内容を、文部科学省が定めたものであり、日本の学校教育は、この学習指導要領にもとづいておこなわれている。

組体操の披露は運動会のときだが、練習は体育の時間におこなわれる。仮に学習指導要領に組体操の記載があるとすれば、それは小学校の体育科、あるいは中学校や高校の保健体育科ということになる。

学習指導要領にはその「本文」と、より具体的な事項を示した「解説」がある。小学校の体育科、中学校と高校の保健体育科、いずれの学習指導要領の本文にも解説にも、「組体操」の記載はない。

小学校における負傷事故の実態を明らかにした先述の表2（47ページ）には、組体操以外に9つの種目が並んでいる。それらはいずれも学習指導要領のなかで明記されている種目である。小学校の学習指導要領において、たとえば跳箱運動は1〜6年で扱うべき種目、バスケットボールは5〜6年（※3・4年でもバスケットボールの要素を含んだ「ゴール型ゲーム」が記載されている）で扱うべき種目である。そのなかで、組体操だけが学校で教えるべき事項として位置づけられていない。

かつて組体操は、学習指導要領に記載があった。ただし、その記載の事実は、ずいぶん過去に遡らねばならない。

戦後の学習指導要領を確認してみると、小学校では昭和24（1949）年度に簡易な記載があったものの、昭和28年（1953）度版には記載がすでになくなっている。

中学校および高校では、昭和26（1951）年度版（この当時は中学校と高校で同一の学習指導要領）に、「巧技《こうぎ》」のなかの「組立型」として明確な位置づけがされていて、さまざまな組み方が図解で紹介されている。とはいえ、それでも今日のような巨大なものはなく、最大で3段のピラミッドが示されているだけである。

その後、中学校についていうと、昭和33（1958）年度版ではかろうじて「組体操」の文字を一か所みつけることができるだけで、それも昭和44（1969）年度には姿を消している。高校の場合は、昭和31（1956）年度版ですでに、組体操の記述はなくなっている。

戦後まもなくの頃、組体操は小中高すべての学習指導要領に記載があり、とくに中学校と高校では明確に指導内容として位置づけられていた。だがそうした時代は長くはなく、戦後10年もしないうちに、学習指導要領における組体操の存在は急速に薄れていったといえる。

そもそも「体育」で教えることなのか？

組体操は、戦後の早い段階で、学習指導要領からは姿を消した。その後も、学校教育のなかに生き残ったものの、その間、死亡や重度障害の事例が発生し、そのいくつかは訴訟にもなった。そうした流れのなかで、おそらく組体操の文化は少しずつ、衰退していったものと推測される。

それが2000年代に入って、息を吹き返した。すなわち「組体操リバイバル」である。しかも、組体操はリバイバルしただけではない。むしろ勢いを増しながら、巨大化・高層化さらには低年齢層への拡がりをみせている。

組体操を、あえて小学校の学習指導要領に関連づけるとすれば、それは5年生と6年生の「体つくり運動」における「体力を高める運動」の1つに該当すると考えられる。そこには、さまざまな「体力を高める運動」の一例として「二、三人で互いに持ち上げる、運ぶなどの運動をすること」が記されている。

しかし、それ以上のものではない。つまり、数十人あるいは100人を超える人数で巨大な人間オブジェをつくることは想定されていない。

このことについて、各自治体の教育委員会は、どうとらえているのだろうか。

教育委員会に問い合わせをすると、決まって同じ答えが返ってくる――「学校の判断に任せています」と。それもそのはず、組体操は学習指導要領に記載がないのだから、教育委員会が推奨する理由はない。したがって、教育委員会としては推奨していないが、学校が自主判断で勝手にやっていることにまでは口出ししないという立場をとることになる。

そんななか、教育委員会のなかには、組体操の実施に否定的な見解を示しているところがいくつかある。

群馬県教育委員会はウェブサイト上で「学校行事のための体育ではない」「体育大会での組み体操は、体力を高める運動になりません」（群馬県教育委員会、2010、「新教育課程編成・実施に向けての参考資料」）と、厳しい意見を提示している。

つまり、運動会の出し物に向けて体育の授業を計画すること自体が誤りであり、体育は体育の授業として完結した目的と内容で実施されなければならない。そして、そのことを含めて、組体操は体育科の「体力を高める運動」としては相応《ふさわ》しくないとの判断である。

こうした見解は、他の教育委員会の資料からもいくつかうかがい知ることができる。じつはこれは、学習指導要領の改訂（小学校用の場合、２００８年3月に改訂、２０１１年４月から完全実施）に際して、全国の教育委員会関係者を集めて文部科学省が開催した協議会において、教育委員会からの質問を受けて文部科学省が応じた答えに依拠している。各教育委員会の資料で類似した文言がみられるのは、そのような理由からである。

いずれにせよ、文部科学省ならびに教育委員会における、学習指導要領に則《のっと》った回答とは、組体操は体育の授業で教えるべき内容として不適切であるというものである。

3　「教育」としての組体操

「感動」がリスクの直視を難しくする

ここまで説明してくると、はたしてなぜ組体操が学校で教えられているのか、不思議に思う読者もいることだろう。

なぜ、組体操が学校教育のなかで取り入れられているのか。組体操を支持する教員からの回答は、見事に一致する。すなわち、組体操は子どもが「感動」や「一体感」「達成感」を得ることができるからである。組体操の教育的意義とは、それらの感覚を味わうことにある。

先に紹介した関西体育授業研究会が2014年5月に刊行した書は『子どもも観客も感動する！「組体操」絶対成功の指導BOOK』と銘打たれている。事務局を担当する垣内幸《かきうちこう》太《た》氏は、ウェブマガジンのインタビューで次のように答えている。

大きなピラミッドにおいて、最も大きな負担のかかる子どもたちは、外からはその姿を見ることはできません。それでも、その子どもたちは、歯を食いしばりピラミッドの完成を願っています。そんな彼、彼女らを信頼しているからこそ、最後の1人は、勇気を出してピラミッドの頂上で両手を広げることができるのです。もちろん最初からそんな信頼関係が存在しているわけではありません。何度も失敗を重ねながら、何度も練習を積んでいくからこそ、その信頼がうまれていくのです。保護者たちも、子どもたちのその努力を知っているからこそ、感動してくれるのです。そして、私たち教員も、その過程を知っているからこそ、ピラミッドが完成したとき目に涙を浮かべるのです。

そんな「感動」こそが組体操の魅力であると思います。

（垣内幸太「組体操の魅力はズバリ「感動」だ！」『教育 zine』
http://www.meijitosho.co.jp/eduzine/interview/?id=20140413）

背中に大きな負担がかかる子どもも、頂上に立つ子どもも、お互いを信頼しあうことでピラミッドが成り立つ。それが「感動」や「涙」となって結実するのだと、垣内氏は組体操の意義を強調する。

関西体育授業研究会の事務局は、大阪教育大学附属池田小学校に置かれている。２００１年の不審者侵入による児童殺傷事件を機に、同小学校は20億円をかけて校舎を改築し、日本を代表する学校安全のモデル校となった。さらに２０１０年にはＷＨＯから「国際安全学校」の認証を得ている。

学校安全の象徴である同小学校が、巨大組体操を推奨していたことは驚きに値する。実際に同小学校で開催された運動会（２０１３年９月）では、７段の人間ピラミッドが披露されている。

安全にもっとも敏感な学校を拠点として、巨大組体操が感動の名のもとに普及していった。まさに「教育」がリスクを不可視化させているという事態が、よくあらわれている。

「感動」にくわえて、「一体感」や「達成感」も、組体操の意義としてしばしば強調される。兵庫県立の中学校教員であり巨大人間ピラミッドの普及に努めている吉野義郎《よしのよしろう》氏は、毎日放送のインタビューで、組体操の意義は「仲間意識、一体感、達成感」であると答えている。そして、「自分が耐えられなくても、他人のために頑張り抜く姿勢は組体操独自のもの」（2014年6月12日放送 VOICE「組体操をめぐって活発な論争」）と主張する。

この見解は、先の垣内氏の「彼、彼女らを信頼しているからこそ、最後の1人は、勇気を出してピラミッドの頂上で両手を広げることができる」という主張とも重なってくる。クラスや学年全体で1つのものをつくりあげることで一体感が醸成《じょうせい》され、全員での達成感が得られるという考えである。

組体操において、子どもたちは痛みや恐怖を感じる。だが、それは他者のためであり、そのようにして皆で相互に耐えることで1つのものをつくりあげていくという教育的物語が、そこにある。

「組体操はよいもの」――嬉々として公開される動画

組体操問題の特徴は、リスクへの関心が著しく低く、他方で組体操がまったくもってポジティブな活動として認識されている点である。「感動」「一体感」「達成感」といった眩い教育目標によって、他のことが何も見えなくなってしまっており、「組体操はよいもの」と素朴に信じられていることが、大きな問題である。

それは、教員や保護者における組体操実践の扱い方によくあらわれている。組体操に関する学校現場の具体的な取り組み状況は、ＰＣの前に座ってネットサーフィンをしているだけで、十分に多くの情報が入ってくる。なぜかといえば、学校や保護者が組体操の画像や動画を、躊躇《ちゅうちょ》することなく、むしろ嬉々としてインターネット上に公開しているからである。

巨大な人間ピラミッドが、堂々とインターネット上に公開されている。これだけ組体操のリスクが叫ばれていても、ずっとウェブサイトのトップページに10段のピラミッドを誇らしげに掲載している学校もある。学校や保護者が公開している情報から、どの学校で、どのような組体操が実践されているのかが、手に取るようにわかる。

教員による暴力（いわゆる「体罰」）の動画を、自らアップロードする人はいない。暴力は、あってはならないという自覚があるからだ。だから、隠される。他方で組体操については、これほどまでに堂々と各校の事例がわかるのは、巨大な組体操は、あってはならないどころか、あるべき姿だからである。

組体操の情報が余りあるほどに入手できるのは、研究者としてはありがたい。だが、組体操に対する危機意識の低さには、脱力してしまう。

埼玉県組体操協会が開催した第4回全国組体操講習会のチラシには、「大好評! すぐに実践できる『大ピラミッド』『ポップアップピラミッド』そして『ウィングピラミッド』のポイントを徹底講習」と大きな見出しがある。多大なリスクを抱えた種目の紹介とは思えないフレーズである。

なお、チラシの裏には、「組体操を安全に」というフレーズがある。きっと講習では事故防止最優先の指導がされていると、期待したい。

「やることが前提」を疑う

「組体操はよいもの」ということは、「やることが前提」となってしまう。学校における組体操実践の最大の問題点は、ここにある。

私には、忘れられない一本の電話がある。それは、「自分の子どもがかつて小学生のときに、人間ピラミッドの頂点から地上に墜落して重傷を負い、数か月間の絶対安静を強《し》いられました」というものだった。私がはじめて生で、組体操被害者（の家族）の声を聞いた瞬間である。

数か月の絶対安静というだけでも重大な事態であるが、その保護者が嘆き強調したのは、事故そのものとは別のことであった。

それだけの重大事故があったにもかかわらず、学校はその翌年も同じようにピラミッドをつくりました。信じられないことだと思い、その後も毎年見にいきましたが、少なくとも事故後３年間は同じ状況が続きました。それが許せないんです。

（２０１４年5月20日付、筆者のメモより）

この保護者は、自分の子どもが受けた事故がまるでなかったかのように、翌年もさらにその後も人間ピラミッドが華々しく披露されたことに対して、学校に対する憤りと不信感をあらわにしていた。

そして何よりも衝撃的なのは、関西体育授業研究会が開いた「組体操実技研修会」の報告資料である。

【大ピラミッドの指導】

基本を押さえれば、難しい技ではありません。ですが、油断大敵です。崩れる時は中央へ落ち込む形で崩壊します。上から児童が降ってくると、逃げ場がないので、数人を巻き込んだ大きな事故になる恐れがあります。過去に一度に4人骨折という事故もありました。

（関西体育授業研究会　研究通信「Improve」No.59）

なんと、かつて大ピラミッド（人間ピラミッド）の崩壊により、4人が同時に骨折をしたというのである。巨大であったために崩壊時の負荷が大きかったものと推察される。それらの事故を受けて報告資料では、安全配慮として組み方の順序や腕の置き方などの留意点が示され、そして結局は大ピラミッドの研修が続けられていったのである。

「関西体育授業研究会」の活動記録等を目にすると、先生方が自主的に集まり、高い意欲で体育の指導方法について学ぼうとしていることがわかる。とても貴重で意義深い研究会であることは、誰もが認めるところであろう。安全面についても高い意識があり、報告資料では次のような訴えかけがある。

安全面での配慮が組体にとって大変重要だということはどの教師もわかっているはずなのに、毎年事故が起きています。
ぜひ、今年の実践では事故・怪我０を目指してください！
（関西体育授業研究会　研究通信「Improve」No.59）

事故防止の意識を高めることは重要である。しかしながら、同研究会には「そもそも巨大なピラミッドや高度な技に挑戦しようとするから、事故が起きてしまうのでは?」「先生がもつ安全指導の技量の問題ではなく、そもそも無茶・無謀なことをしていることが問題なのでは?」といった組体操の巨大化や高層化を諦めるという発想はない。巨大化・高層化した作品をつくるということが前提で、そのうえで事故をなんとか減らそうとしているのである。

人間ピラミッド10段の場合、おおよそ高さが７メートル、最大負荷が２００キログラムとなる。巨大な組体操を実演することそのものに、多大なリスクが伴っている。無茶・無謀な挑戦は、どれほど教員が気をつけようとも、そもそも安全指導の限界を超えてしまっている。

安全対策のために人員を配置すれば済むという問題ではない。７メートルから転げ落ちる子どもを安全に受けとめられるなどと、いったい誰が保証できようか。いや、そもそも安全に受けとめるための練習はどうやって積むのだろうか。そして、最下段で重量に負けて崩れる子どもの上にかかる負荷量は、どう人員を配置すれば減らせるというのだろうか。

もはや「安全な巨大組体操はない」と理解すべきである。それほどのリスクを冒《おか》してまで、巨大化・高層化を目指す理由はどこにもない。

練習では失敗ばかり続こうが、練習中に重傷事故が起きたり、一年前に重傷事故があったりしても、組体操はよいものである。だから、なんとしてでも最後の本番までやり遂げられる。ここに学校現場の倒錯《とうさく》した教育観がある。

教員の立場における組体操のリスク

ここまでは基本的に、子どもの側に生じるリスクを想定してきた。最後に、教員の側のリスクに言及したい。

今日流行している、巨大で高層化した組体操、あるいは低年齢児の組体操を指導する際に私が危惧するのは、仮に重大事故が起きたとき、教員の側が圧倒的に不利な立場に置かれてしまうことである。その理由は、いくつかある。

①学習指導要領に記載がない。
②(重大な) 事故が起きやすいことがすでにわかっている。
③高さも重量も、制御の範疇を超えている。
④労働安全や建築関連の法に照らし合わせると、あってはならない事態に子どもを置いている。
⑤民事裁判の判例では、原告勝訴ばかりである。

この5つの項目のほとんどは、ここまでですでに言及したものである。繰り返しは最小限にして、教員のリスクの視点から各項目について考えてみたい。

①について、組体操は学習指導要領に記載がない。文部科学省や教育委員会では、組体操は、体育の取り組みとして不適切であると考えられている。基本的に組体操は、学校が独自の判断で実施しているにすぎない。

そうした事態を放置している文部科学省や教育委員会の責任は、もちろん問われるべきである。だが、学校が勝手にやっているという現実においては、まずもって学校側の責任が浮き彫りになるであろう。

②について、組体操の事故実態やリスクに関する問題提起は、多くのインターネットユーザーの興味を引き、また新聞記事や雑誌においてもたびたびとりあげられた。つまり、2015年の時点においては、もはや組体操の危険性を知らないと言い逃れることはできない。

③について、巨大組体操はその高さも重量も、安全に指導できる範疇にはないことは明白である。④と関連づけると、大人であっても作業が2メートルの高さを超えれば、雇用者に安全対策が義務づけられる。優に2メートルを超え、ときには7メートルに達する高さで、しかも土台はグラグラ揺れている。そして土台では、一人あたりに最大で3〜4人分の重量がかかっている。

安全対策のために人員を配置する等の工夫をしたところで、巨大化した組体操は、危険制御の可能性を超えてしまっている。大人ではけっして許されないような状況に、子どもが置かれている。教員はこれを承知したうえで、組体操を実施しているということである。

⑤について、私の手元では裁判事例そのものが数例（1994年福岡高裁、2006年東京地裁、2009年名古屋地裁）しか確認できないものの、いずれも被告に損害賠償の支払いが

命じられている。そもそも、原告有利となるようなケースしか裁判に持ち込まれていないという可能性はあるものの、やはりこれだけ無理のあるものをつくりあげている時点で、被告の安全配慮義務違反が認められる可能性が、大幅に高められてしまう。

以上、どの項目をとってみても、教員の側に言い訳できる余地がない。訴訟にもなれば、教員の側が圧倒的に不利な立場に置かれることになろう。訴訟にならないとしても、保護者が学校にクレームを申し出てきたときには、学校側は弁解する術《すべ》がない。

子どもも教員も、ここまで大きなリスクを冒してまで巨大組体操をやるべき理由はないはずである。それでも、というならば、私は学校側のリスク・マネジメントのあり方を本気で疑ってしまう。

「感動の呪縛《じゅばく》」——組体操はどこに向かうべきか

組体操がいかなる意味で危険であり問題であるのかは、すでにここまで述べてきたとおりである。あとは、そこに私たちが向き合い、組体操のこれからを考えていかねばならない。

私が解せないのは、これだけのリスクを丁寧に提示してもなお、それを直視せずに組体操を支持しようとする態度である。しかも、私が人伝に聞いたり、ウェブ上で知ったりした限りでは、学校現場にいる少なからぬ数の教員がそのような態度を表明している。

かつて組体操を率先して指導してきたことは、もういまは問わない。感動してきたことも、それはそれでいい。しかし、これだけリスクを説明しているにもかかわらず、それをはねのけて組体操の意義を主張する（現状維持の態度を表明する）のは、どうしても理解に苦しむ。

実際に、2014年の5月に組体操問題に火がついたにもかかわらず、秋の運動会に際しては多くの学校が、例年と変わらず巨大な組体操の指導を続けた。それどころか、いっそうの巨大化を目指す学校もあらわれた。日本新記録の11段ピラミッドが成功したのは、その年の秋（9月）のことであった。また2013年度までは、運動会の華はソーラン節であったが、2014年度の秋の運動会から、わざわざ組体操に変更するという学校も出てきた。

組体操のリスクに対する反論というのはおおよそ、「組体操には教育的意義（「感動」「一体感」「達成感」）がある。危険だからといって何でもやめるというのか」という見解に集約できる。このように一蹴されてしまうと、もはやどのようなエビデンスも役に立たない。

これまで私は、幾度となく「批判ばかりせずに、対策を示すべきだ」という忠告を受けてきた。対策の重要性は、私も強く認識している。だが、事故防止の対策は、事故実態の把握なくして始まらない。実態がわからずして、対策など立ちようがない。私にはその実態に迫るノウハウはある。しかし、学校現場でいかなる対策が可能かについては、必ずしもノウハウを有していないのが正直なところである。そしてむしろ、その対策にこそ、学校関係者やスポーツ関係者の方々に、現実的な次元での知恵を出していただきたいのである。

組体操の実践について、私にはまだまだわからないことがある。それを理解していただいたうえで、最後に、組体操のこれからを考えるためのたたき台として、私なりの組体操リスク対策を提示したい。

率直にいえば、今日の巨大化・高層化には歯止めをかけるべきだと考える。「感動」「一体感」「達成感」こそが教育として重要であるというならば、けっして高さや大きさを求める必要はない。１段や２段であっても、一致団結したダイナミックな演技は可能であり、そこで「感動」「一体感」「達成感」は十分に得られるはずである。

ちょうど組体操が話題になっている最中、ツイッター上で、高校生が組体操の「扇《おうぎ》」の写真をアップしていたことがある。扇は真ん中に一人が立ちあとはまさに扇状に４人が組むかたちである。高校生たちは、とても嬉しそうな笑顔をしていた。それでよいではないか。誰も多大なリスクにさらされることはない。一体感を得るには、十分である。

もちろん、組体操に代わる新たな種目を模索するという方法もあろう。ソーラン節は、運動会の花形種目としてよく知られている。集団で演じる種目であるから、これも感動や一体感をもたらすことになるであろう。

「組体操がなくなったら、運動会はつまらなくなる」という声が聞かれる。だが、そもそも組体操なしでずっとやってきた地域がある。そこではどのような運動会が開かれてきたのか。情報の共有が、組体操に代わる種目を探索するための、近道である。

私がもっとも嬉しかった言葉の1つは、「自分の子どもの組体操を見たことがあるけど、これまではただ感動するだけだった。記事を読んで、たしかに危険だと思った」という声である。私たちはいまようやく、巨大な人間ピラミッドがもたらす「感動」の呪縛から、解き放たれようとしている。組体操ありきではなく、現実を直視した議論が必要である。

第２章

「２分の１成人式」と家族幻想

——家庭に踏み込む学校教育

親と子の絆メッセージ集『親子でよかった。』／愛知県・ネットあいち

1 「家族」の光と陰

世界でもっとも安全で、もっとも危険な場所

読者の皆さんにとって、家族とはどのような存在であり、家庭とはどのような場であろうか。

多くの読者が、「家族は大切な存在」「家庭は落ち着ける場所」と答えるだろう。しかし、その一方で少なからぬ読者が「家族といると息苦しい」「家庭はしんどい場所」と答えるのではないだろうか。

私なりの表現を用いれば、「家庭というのは、この世界のなかでもっとも安全なところでもあり、かつもっとも危険なところでもある」といえる。

同じ1つの家族であっても、安心感で満たされている時期もあれば、危うい雰囲気の時期もある。さらには、家族内の人間関係のなかでも、顔を合わせればトラブルが起きる関係と、そんなトラブルから自分を守ってくれる関係がある。1つの家族を超えてさらに視野を広げると、そもそも基本的にうまくいっている家族と、ほとんどうまくいっていない家族がある。

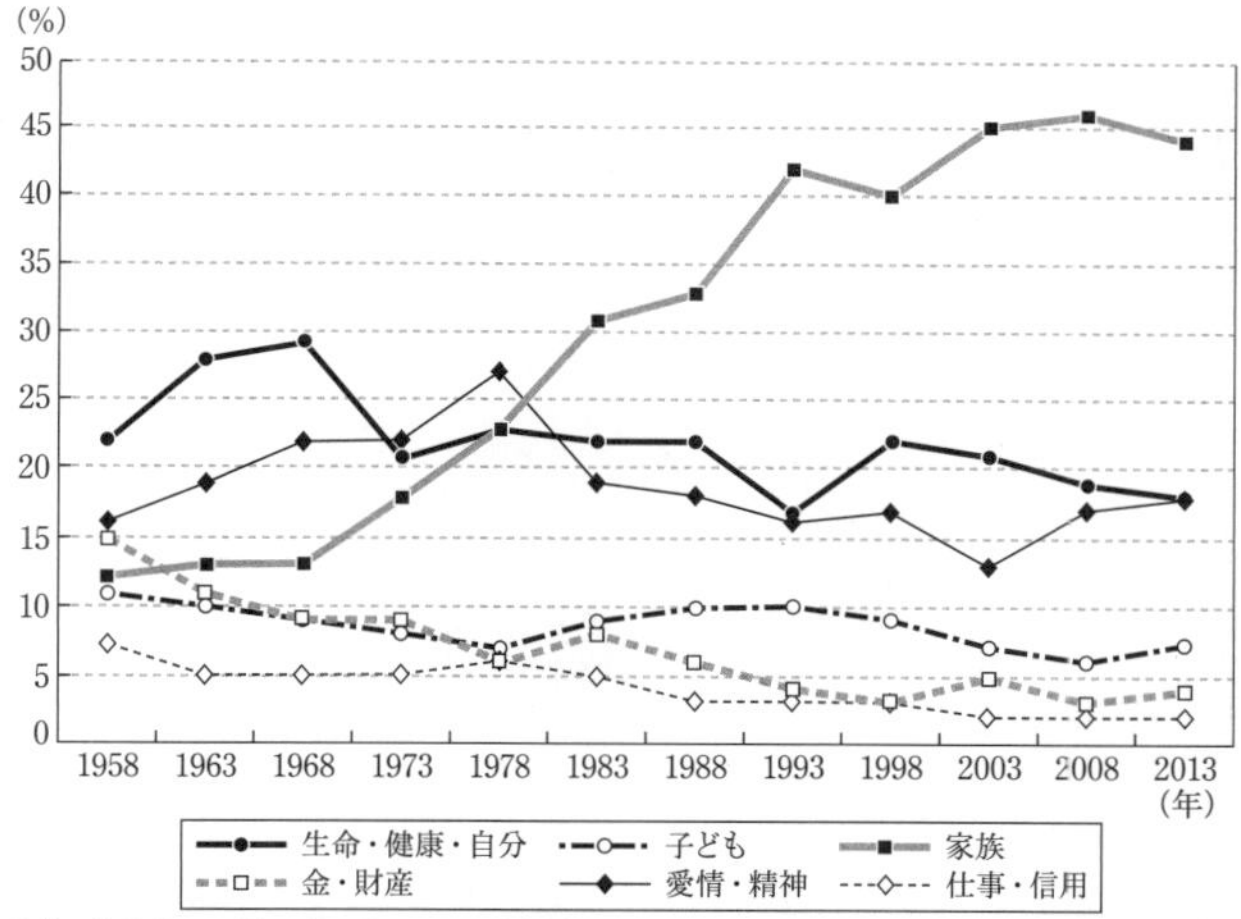

出典：統計数理研究所「日本人の国民性調査」ウェブサイトに掲載されている統計表より作成

図５　「あなたにとって一番大切と思うものはなんですか」に対する回答の推移

統計数理研究所が5年おきに継続して実施している「日本人の国民性調査」というものがある。その調査項目の1つに、「あなたにとって一番大切と思うものはなんですか。１つだけあげてください？・（なんでもかまいません）」という質問がある。図５に示したように、その質問に「家族」と答えた者の割合が１９５８年以降ほぼ右肩上がりで増加している。

現代人にとって、「家族」がもたらす肯定的な作用の比重は、高まっている。これだけを見れば、もはや日本の家族には何の憂慮もしなくてよいようにも思えてくる。

しかしながら、気になるエビデンスもある。図６（80ページ）は、『平成25年度版犯

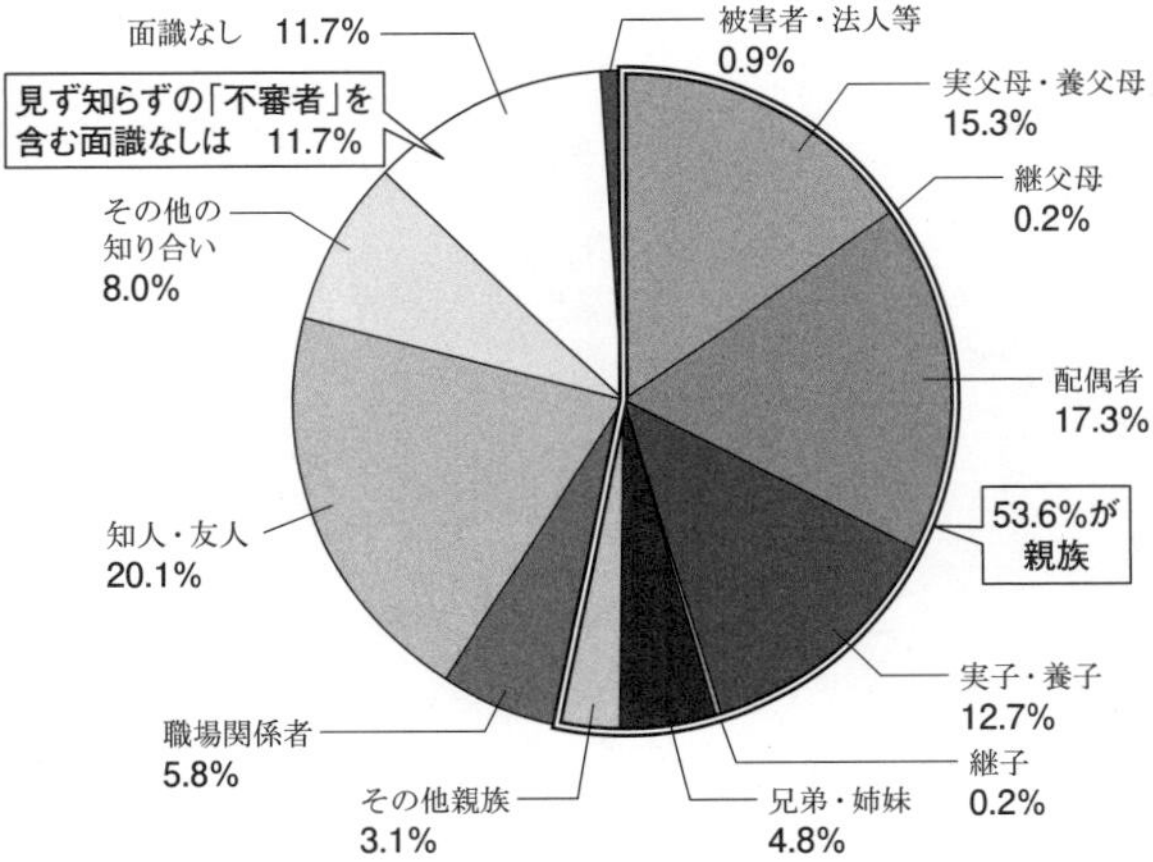

出典：法務省『平成25年版 犯罪白書』の統計表より作成

図6 殺人検挙事案における加害者と被害者の関係

罪白書』に示された2012年の殺人検挙事案における加害者と被害者の関係である。じつは、殺人事件では、加害者の53・6％が親族である。私たちがもっとも怯えているであろう「面識なし」の人物——私たちはこの人物をしばしば「不審者」とよんでいる——による事件は、11・7％。私たちは、「不審者に気をつけましょう」と言うけれど、じつは身内こそが、私たちの生命を脅かしている。

もっとも身近な実父母と養父母については、2012年時点で15・3％を示している。しかも、図7にあるとおり、その検挙人員数と全体に占める割合は30年前からほぼ増加の一途をたどっている。

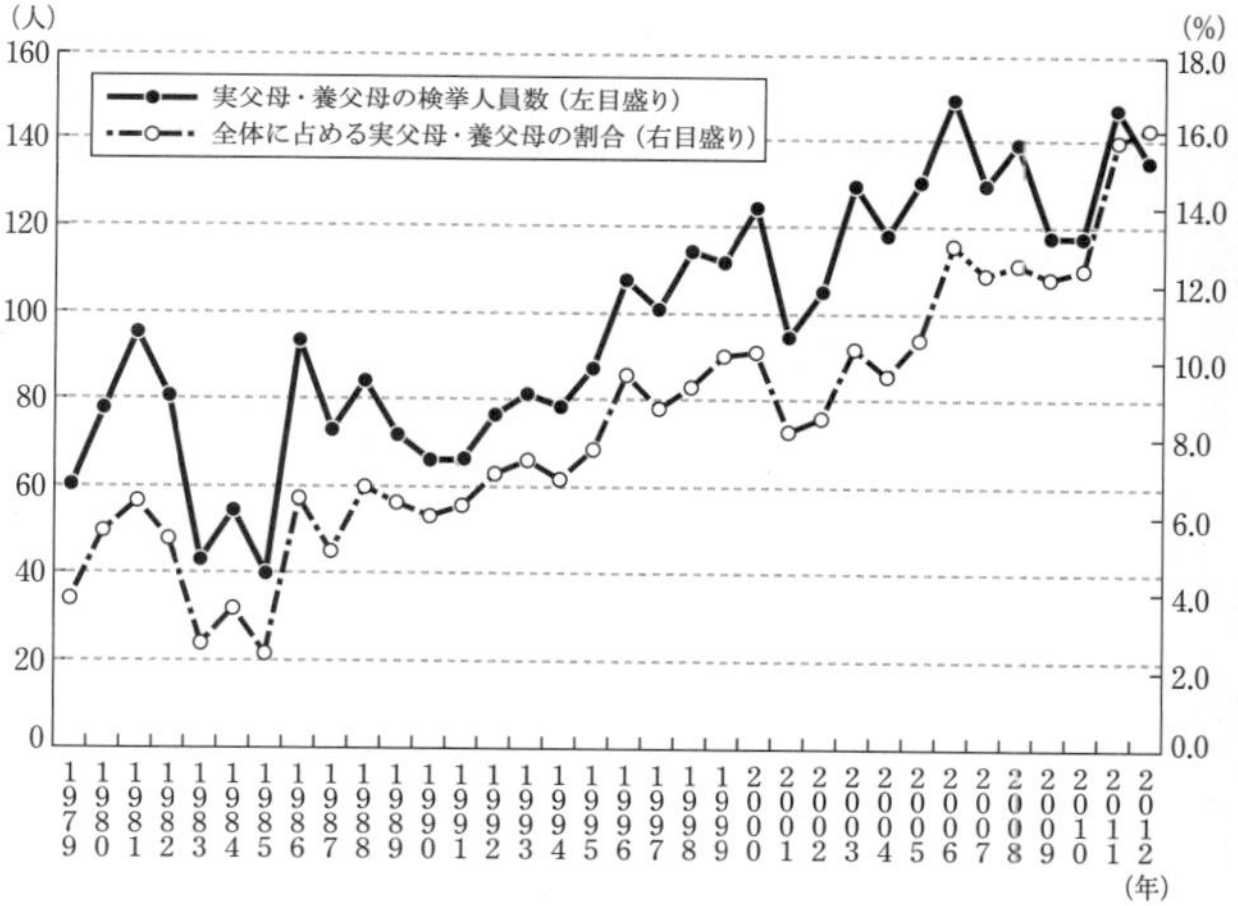

出典：法務省『平成25年版　犯罪白書』の統計表より作成

図７　殺人検挙事案において加害者が実父母・養父母であった割合の推移

実父母・養父母とその子という、強い絆で結ばれていると思われている関係においてでさえ殺人は起きている。

学校と家庭の両方に目を向ける

考えてもみれば、身近な人間関係だからこそ、殺人にまで至る。通りすがりの人に対して、恨みや怒りがこみ上げてくることはめったにない。仮に、電車内でマナーの悪い人に腹が立ったとしても、電車を降りればそれでもう終わりだ。

家族はそうはいかない。婚姻や血縁によって宿命づけられた関係が、恨みや怒りの感情を、ときに増幅させる。愛と憎しみはコインの裏表の関係にある。関係が深くなるほど、それは愛として成立することもあれば、憎しみを生み出すことにもなる。

あるいはそれは、光と陰の関係といってもよいだろう。家族の「善きもの」としての像が眩いほど、陰の世界は見えにくくなる。この陰の部分にいかに迫ることができるのか。とりわけ子どもにとって、家族の影響というのは絶大である。それだけに、家族について考えるときには、光に目が眩《くら》まぬよう冷静な態度が必要とされる。

そうはいっても、家族について考えることの難しさは、家族が私的領域としての性格を強く有している点にある。つまり、自分の家族のことはわかっても、他の家族のことはまるでわからない。それはともすれば、きっと他の家族もまた、自分たちの家族と同じようなものだろうと考えてしまうことにもつながってしまう。

ここでとくに留意しなければならないのは、自分の家族に光の部分が多いときである。自分の家族を基準にして、きっと他の家族もまた程度の差こそあれ、きっと眩く輝いているのだろうと思ってしまう。

学校の先生が、夏休み明けに「みんな、お父さんやお母さんと、どこか行った?」と安直に問いかけてしまうのも、休みの日には子どもは、お父さんやお母さんと一緒に出かけるものだという前提があって、はじめて可能となる。しかしその問いかけに応じることができない子どもたちもいる。本章では、そこに踏み込んでいきたいと思う。

子どもの日常は、学校と家庭の間の往復で成り立っている。子どもが何を感じ何を考えているのかは、学校だけを見ていてもわからないし、家庭だけを見ていてもわからない。

しかしながら、学問あるいは行政の世界では、学校の問題は「教育」の領域において扱われ、家庭の問題は「福祉」の領域において扱われる。国のレベルでいえば、前者が文部科学省の管轄、後者が厚生労働省の管轄である。この２つが分断された状況であっても議論できることはたくさんあるだろう。ただし、学問や行政が、学校と家庭を分断していても、一人の血の通った人間にとってそれは連続する空間である。それゆえに、学校と家庭の両方に目を向けながら考えなければならない課題がある。

以下、本章では、教育が見えなくさせるリスクの一例として、新しい学校行事「２分の１成人式」をとりあげたい。この10年で日本の「学校」に急速に拡がりつつある「２分の１成人式」について、「家族」の状況を視野に入れながら、そこでどのような問題が見落とされているのかを明らかにしていきたい。

2　2分の1成人式の実態

全国の小学校で拡がる新種の行事

「2分の1成人式」という新種の行事が、この10年、全国の小学校で拡がっている。この行事は、小学4年生が10歳になったその節目を祝うもので、式の実施は、学校の自主的な判断によって学校独自の方法で開催されている場合がほとんどである。ただし、自治体や地域が独自に定めるカリキュラムのなかに式が明確に位置づけられている場合もある。

式の開催は、1月から2月が多い。教職員向けの月刊誌『小四教育技術』（小学館）では、このところ毎年1月号に「2分の1成人式」の特集が組まれている。

式に要する時間は1、2時間ほど、授業参観などの機会を利用して、保護者同伴のなかで開かれるというのが定番である。

ただし、式に至るまでに、「総合的な学習の時間」を中心にして、他にも「音楽科」「国語科」「道徳」などの授業時間を利用しながら、10時間から20時間程度を費やして準備が進められる。式の本番自体は短いものの、子どもも教員も多くの時間を準備に充てて、ようやく本番にたどりつく。４年生にとってはじつに大がかりな学校行事であるといえよう。式次第の例は次のとおりである。

第１部　学年全体
（１）体育館に集合
（２）はじめの言葉
（３）歌と踊りの披露
（４）大人クイズ――実行委員が考えたクイズ

第２部　学級ごと
（１）十歳のスピーチ――将来の夢、これからの自分など、一人ひとりのスピーチ
（２）子どもたちへのお祝いの言葉（担任から）
（３）２分の１成人証書の授与
（４）誰でしょうクイズ（小さいころの写真を見て）
　　――→事前に写真を集めてランダムに提示し、誰かを当てる

（5）保護者へ感謝の手紙を渡す
（6）みんなで記念撮影

（『小四教育技術』２０１０年１月号）

式当日までも十分な準備時間が充《あ》てられ、式次第もまたじつに多様な項目から成り立っている。これだけ手が込んでいるだけはあって、式の評判は上々である。

ベネッセは２０１２年に、「２分の１成人式」を経験した子どもをもつ保護者を対象にして、ウェブ調査（回答者数１２４９人）をおこなった。それによると、「２分の１成人式」に対する満足度は、「とても満足」が24・８％、「まあ満足」が63・３％で、おおよそ〝９割が満足！〟との結果が得られた。保護者からは絶大な支持を受けているといえる。

その情報だけを見れば、「２分の１成人式」は満足度の高い「善きもの」として大成功しているといえる。しかし、ここで考えてみたいのは、「９割が満足！」の裏側にいる残り１割の存在である。

どのような活動であったとしても、必ず何割かはそれに満足できない層がいる。図工の授業が嫌いな子どもは、確実にいる。担任に好感をもたない保護者もいる。だが、後に示すように「2分の1成人式」に対する不満足には、そうした個別の好き嫌いでは済ますことのできない問題が含まれている。

保護者と子どもの関係性が引き出される

10歳の通過儀礼を設けるというのは、興味深いアイディアである。式そのものの存在意義は十分にあると思われる。だが気がかりなのは、その内容である。

「2分の1成人式」を開催する目的は、『小四教育技術』の特集によると「自分の成長をふり返り、これからの過ごし方(生き方)を考えさせること、もう1つは、保護者に感謝の気持ちを伝えること」という。

このような目的から、式当日あるいはその前後において、具体的に次のような項目が実施される。そのいくつかは先に見た式次第にも組み込まれている。

○将来の夢(就きたい職業)を語る
○合唱をする
○「2分の1成人証書」をもらう

○記念になる品を工作する
○保護者に感謝の手紙をわたす、保護者から手紙をもらう
○自分の生い立ちを振り返る（名前の由来、誕生時の写真）

ここで問題視しなければならないのは、最後の2項目、保護者に感謝の手紙をわたす、保護者から手紙をもらうことと、自分の生い立ちを振り返ることである。

ＮＨＫの「みんなのうた」では、２０１４年12月から２０１５年1月に「はんぶんおとな」という歌が放送された。その歌詞の一節にも、ちょうど上記の2項目に関連した言葉がある。

わたしが生まれた日　どんなだったの？
みんなが喜んで　笑っていたよ
わたしを産むのって　たいへんだった？
痛いけどうれしくて　頑張ったんだ　（略）
はんぶんおとな　おとなへはんぶん

毎日ごはん　ありがとう
毎日笑顔　ありがとう
あとはんぶん　よろしくね

「2分の1成人式」では、「わたしが生まれた日」を振り返りながら保護者がそのときの様子を子どもに伝えたり、保護者と子どもの間で「ありがとう」の気持ちを共有したりする。これはまさに「2分の1成人式」の目的を直接にあらわすものであり、「2分の1成人式」の肝となる部分である。

これら2項目の共通点は、子ども自身のことが照らし出されるのではなく、保護者と子どもの関係性が重視され、過去から現在までの時間がセンチメンタルに引き出されることにある。子ども自身のことではなく、子どもと保護者がどのような関係性にあるのか、その過去から現在に至るまでのプロセスを、明らかにしようというのである。

さて、保護者と子どもとの関係において、子どもが保護者に感謝の手紙をわたしたり、自分の生い立ちを振り返ったりすることが、具体的にどのような意味で問題なのか。以下に詳しくみていきたい。

暴力を受けた子どもが何を感じるか

2分の1成人式の問題点を指摘するにあたって、ここではできるだけ、人びとの声を拾い上げていきたい。

私は、2015年の1月と2月に、「2分の1成人式」のあり方をヤフーニュースの個人ページ「リスク・リポート」にて、「考え直してほしい『2分の1成人式』――家族の多様化、被虐待児のケアに逆行する学校行事が大流行」「『名前の由来』『昔の写真』必要か？ 2分の1成人式」という2本の記事で問いかけた。

これまで、礼賛《らいさん》されるばかりであった「2分の1成人式」を批判的に検討した記事である。その記事に対して、じつに多くの「当事者」からの声が寄せられた。この当事者というのは、「9割が満足！」の陰にいる人たちといってもよい。

記事をきっかけにしてあふれてきたそれらの声を重く受けとめ、「2分の1成人式」のあり方を考えていきたい。

なお、これからとりあげる声は、当事者の生の声であると同時に、私が共感するものを、私自身が選び出したものである。したがって、言うまでもないことかもしれないが、それらの声は、2分の1成人式に関する世間の総意というわけではない（むしろ、総意であったとすれば、そもそも私が本書で1章を割く前に、改善が済んでいることだろう)。私の主張については、反対の声も少なからずあった。そして、だからこそいまここで、1章を割いて改めて「2分の1成人式」のあり方を問題視したいのである。

それではまず、保護者に感謝の手紙をわたすという項目について、考えてみたい。親に感謝するよう勧められることの何が問題なのか。私の記事に対して、次のような声が公開のかたちで直接寄せられた(匿名化しさらに事例を再構成した。以下、同様)。

2分の1成人式は親に迎合《げいごう》したイベントにすぎない。親に感謝すること自体は大事だけれども、この行事は、虐待の問題提起の芽を摘んでしまい、さらに不幸を増幅させることにつながる。

家庭というものは私自身にとっては、牢獄《ろうごく》でしかなかった。父は暴力的で何度も私を殴ったし、私の頭の上で皿が何枚割られたかわからないくらい。

社会は昔から、親を中心にして、子どものことを考えている。だから、真実を訴えようとしても、周りの大人たちがそれを阻んで、丸く収めようとする。子どもは、よほど信頼のおける相手じゃないと本当の気持ちをしゃべらず、笑ってごまかしたり、真実を隠そうとしたりする。真実を訴えることができる大人は、どこにもいない。

（フェイスブックコメント）

このコメントに、私が主張したいことはほぼすべて凝縮されている。

虐待を受けた子どもにとって、家庭は牢獄のようなものである。家に帰れば、親からの暴力が待ち受けている。だからといって、そのことを周りの大人たちに訴えようものなら、その大人たちが、その事実を受け入れてくれず、丸く収めようとする。こうして子どもは、口を閉ざしてしまう。「2分の1成人式」はまさに親のためのイベントである。親に感謝するという空気が、その一方で「虐待の問題提起の芽を摘んでしまい、さらに不幸を増幅させる」。

虐待を受けた当事者が、式は子どものためではなく、「親に迎合したイベントだ」というのは、なるほどそのとおりである。式では、親への感謝が集団的に強制される。「お母さん、ありがとう」「お父さん、お仕事お疲れ様」とお決まりのセリフを子どもたちは書く。ここで問題なのは、「親は感謝されるほどに、子どもに尽くしているはず」という幻想のもとに、式が成り立っているということである。

多くの子どもにとって、家庭というものは世界でもっとも安全に安心して過ごせる場であろう。だが、一部の家庭では、子どもが虐待状況に置かれている。親に対して恐怖心や嫌悪感が先立ってしまうような子どもに、「親に感謝しなさい」とどうやって説得できようか。

しかも、その子どもたちは、学校では健気《けなげ》に何事もないかのように振る舞う。大人たちが平和な家族幻想に酔いしれている間、被虐待の子どもは、「笑ってごまかしたり、真実を隠そうとしたりする」。幻想を先生たちが推奨すれば、被虐待児をケアするどころか、むしろ傷つけることになってしまう。

このことに、別の虐待経験者は、「傷口に塩を塗り込むことになる」とコメントした。幻想が拡がるイベントのなかでは、虐待の事実が浮かび上がる可能性が摘み取られるだけでなく、子どもはそこでさらに苦悩を増幅させるのである。

気づかれない苦悩

保護者への感謝の手紙について、もう1つだけ事例を紹介しよう。次の事例は、夫の言葉を聞いて、「2分の1成人式」の負の側面に気づいたというものである。

親として、「2分の1成人式」に出席しました。正直にいうと、とても感動しました。

でも、子どもの頃につらい思いをした夫から、「僕の時代にそんな行事があったら、とっても嫌な思いをしたと思う。親への手紙なんて書けない」と言われ、ハッとしました。この社会は、幸せな子どもばかりではありません。虐待は、強者である親から弱者である子どもに一方的におこなわれるものです。そこに憎しみは生まれたとしても、感謝は生まれません。子どもが家庭のことでつらい思いをするような行事は、実施すべきではないと思います。

（フェイスブックコメント）

このコメントには、「2分の1成人式」のまさに正と負の側面が綴《つづ》られている。多くの子どもや保護者にとって、式は感動的なものである。だが、誰にも気づかれることなく、自分の家庭背景のことで「嫌な思い」をする子どもがいる。

コメントの発信者が、夫の思いを聞いて「ハッとした」というのは示唆的である。つまり、「とても感動」するような状況下で、もはや一部の子どもの苦悩にはまったく目が行き届かなくなっていた。

偶然にも身近にいる夫が、少数派の子どもの代弁者となってくれた。そこではじめて、式がもつ問題点（の重さ）が見えてきたのである。

「笑ってごまかしたり、真実を隠そうとしたりする」という先の事例にもあったように、子どもは自分の境遇を隠そうとする。そのとき、多数派の教員も保護者も子どもも、少数派の苦悩に気づくことなく、平和な時空間が生み出される。

子どもの気持ちに十分配慮して、保護者への感謝の手紙を子どもに書かせたところで、子どもは教員の意図を先取りして、笑顔でやり過ごすかもしれない。みんな楽しそうに見えたというだけで、式の成功を確信するわけにはいかない。それくらいに、家族の問題というのは深く、見えにくいものである。

記事に対するコメントのなかには、「感謝の気持ちは自然に出てくるものだから、わざわざ強制すること自体がおかしい」というかたちで、私の主張に同意してくれたものも多くあった。その意見には、もちろん私もおおむね賛同する。４年生にもなって、わざわざ学校で感情の持ち方というものを、手紙を書くという営みを通して強制されるというのは、どうにもやりすぎだと私も感じる。

ただ、他方でしつけのレベルでいえば、感謝の強制はとても重要なことでもある。相手が近隣の住民であれ保護者であれ、親切にしてもらったときには「ありがとう」と感謝すべきであろう。

本章で強調したいのは、感謝の強制そのものよりも、繰り返すように、虐待を受けた子どもへの配慮の欠如が問題であるということだ。

被虐待の子どもにとっては、「ありがとう」などとはとても言えない状況が、家庭内でたびたび繰り返される、あるいは常態化している。そうした子どもたちに保護者への感謝を強要するのは拷問のようなものである。

しかも、子どもたちはそこから逃れることができない。まだ、「おうちに帰ったらちゃんと家族に『ありがとう』と言いなさい」というだけであれば、強制はされるけれども、そこから逃げるチャンスがある。だが、2分の1成人式は、クラスあるいは学年全体で集団としておこなわれる。公開の場において、感謝が強制されるのである。

過去のつらい体験に向き合い美談化する

「2分の1成人式」の実施項目のなかで、保護者への感謝の手紙と合わせて、もう1つ慎重に考えなければならないのは、生い立ちを振り返るという取り組みである。具体的には、自分の名前の由来を親から聞いたり、誕生時や幼少期の写真を家からもってきたり、それらを含めて自分史をつくったりする。

生い立ちを振り返ることの何が問題なのか。端的にいえば、家族が長年にわたって幸福に満ちていること、そして、その構成員もずっと変わらずに今日まできていることが暗黙の前提とされている点である。家族は幸せで変わらないものという前提があるからこそ、過去をさかのぼって人前で語ることができるのである。

少なくともこの日本社会において、離婚、すなわち家族が「変わること」にはネガティブな意味がもたされている。仮に離婚がなかったとしても、虐待や両親間のいざこざなどで長年にわたって家族がうまくまわっていなかったり、ある時点で重大な事故や事件があったりすると、生い立ちを公表するのは容易なことではない。

世間からネガティブな目線で見られるようなこと、振り返るにはあまりに苦悩に満ちていることを、公の場で強制的に開示しなければならない。

私の「2分の1成人式」の記事に対しては、たとえば過去に虐待を受けた当事者は、ウェブサイトに「自分の生い立ちを振り返るのは、とてつもなく辛いです。しかもそれを美談にしろというのですから、苦しすぎます」（書き込み内容を再構成）と綴っていた。

この美談化に関していうと、私がかつて、虐待を受けて成人した人たちにインタビューをしたときも同じような声があった。回答者に共通していたのは、自分の過去のことは仮に問われたとしても、ひとまず幸せそうな話をして、現実を隠し通すというものであった。こうしていつもどおりの元気な自分を演出するのだという(詳しくは拙著『「児童虐待」へのまなざし――社会現象はどう語られるのか』[世界思想社刊]を参照してほしい)。

みんなが幸せに満ちた生い立ちを語り、先生や保護者がその話を聞きながら微笑みまた感激の涙を流すなかで、自分だけ虐待の話をするわけにはいかない。ましてやまだ10歳の子どもである。過去を振り返ること自体が、まるで再体験のように苦痛に満ちた作業でもある。「2分の1成人式」は、学校行事であり、子どもは基本的に全員参加である。そのなかで、自分の過去を隠蔽《いんぺい》し、美談化し、他者の幸せ話にさらされる。「とてつもなく辛い」という言葉が出てくるのも当然である。

家族の多様な現実が考慮されない

過去を振り返るという実践は、子どもだけでなく保護者の側にも厳しい現実を突きつける。家族というものは、自分の思いどおりにならないことがしばしばである。特殊な事情を経た保護者にとっては、過去を振り返ることが困難な場合もある。

今年、４年生の娘が、２分の１成人式をしました。

我が家は、妻が死別した父子家庭です。学校から、誕生時の様子や成長過程のエピソード等をもってくるようにと宿題が出されました。

実際のところ母親しかわからないことも多く、宿題には苦悶《くもん》しました。母子家庭や父子家庭への配慮がほしいと強く感じました。

数年後には次女が２分の１成人式を迎えます。それまでには配慮された行事に変わっていることを願います。


（フェイスブックコメント）


おそらくこのご家庭では、母親が娘さんの幼少期のことをよく知っていたのであろう。母親が亡きいまとなっては、過去を豊かに語る人がいない。「母子家庭や父子家庭への配慮がほしいと強く感じました」というメッセージを、学校現場はしっかりと受けとめなければならない。

次の事例は、死別ではなく、離別の家庭である。

私の娘が通う小学校でも、先日、2分の1成人式がありました。娘が2年生のときに離婚をして、娘とともに引越をしました。幼い頃の写真がないにもかかわらず入学前の写真を提出しなければならず、さらに手紙を書くという作業もあり、親子ともども苦痛でしかありませんでした。結局参加するのが嫌になって、欠席をしてしまいました。

2分の1成人式というイベント自体は悪いとは思いませんが、強制的だし、配慮もないので、イベントをやる意義がわかりませんでした。

(フェイスブックコメント)


離婚をして引っ越したために、自宅に幼少期の写真が残っていない。幼少期の思い出であれば、なんとか対応できたかもしれないが、写真の場合にはモノがなければどうにもならない。最終的にこの親子がとった行動は、「欠席」であった。

多数派の無邪気な家族幻想が、ただでさえ大変な思いをしている家族にいっそうの苦痛を与え、かつ子どもをクラス集団のなかから排除していく。

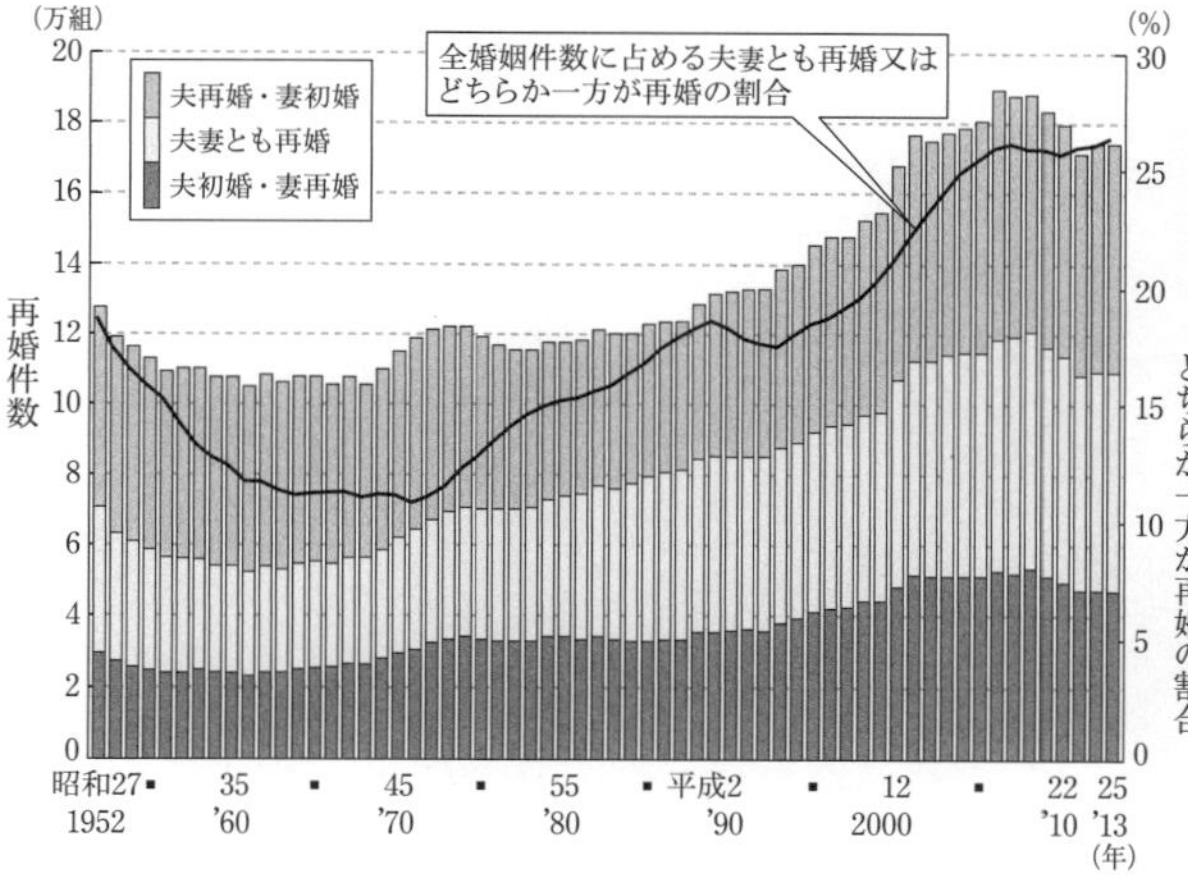

出典：厚生労働省『平成27年我が国の人口動態』より作成

図８　夫妻の一方または両者が再婚であるケースが全婚姻件数に占める割合の推移

死別や離別だけでなく、「ステップ・ファミリー」の存在にも目を向けなければならない。ステップ・ファミリーというのは、子どもを連れての離婚と再婚によって、血縁関係のない親子関係やきょうだい関係が生まれた家族のことを指す。

子連れによる再婚カップルの実態を教えてくれる統計は見当たらないものの、夫婦の一方または両方が再婚であるケースは公式統計で把握されている。全婚姻件数に占める夫婦の一方または両方が再婚である件数の割合は、図８にあるとおり次第に上昇しながら、今日に至っている。

ステップ・ファミリーの場合には、親子であっても、子どもの過去をまったく知らない、幼少期の写真も持ち合わせていない、子どもの名前の由来もわからない、ということがありうる。過去を掘り起こしても、何も出てこない。

ここで問題なのは、「離婚も再婚もなく、子どもは実父母のもとで育てられている」という単一の家族像がベースになっている点である。

子連れの再婚が珍しくない時代、家族の多様化が進む時代において、「保護者に子どもの過去のことを問えば、すぐに答えが返ってくる」という発想はそろそろ賞味期限切れである。家族にさまざまなかたちがありうることが前提とされるべきである。

3　学校教育に巻き込まれる「家族」

ある重要な意図

「2分の1成人式」は、子どもだけでなく、保護者もまた参加する。そうした機会を狙って、じつは式には、とある重要な意図が埋め込まれていることがある。

それは、保護者をも学校側が教育しようという意図である。

「2分の1成人式」は、学校教育の取り組みであるからには、基本的には、子どもを教育する場である。式を通じて子どもに家族の大切さや自分の過去・現在・未来を考えてもらうということの他に、子どもを育てる保護者をも教育しようというのである。

全国の都道府県のなかで、愛知県は大々的に「2分の1成人式」を推奨している。「2分の1成人式モデル実践活動」を県内の12の小学校で展開し、親と子の絆メッセージ集「親子でよかった。」の発行、さらにはメッセージソングの作成までおこなっている。

県の「親と子の2分の1成人式」研究会が発表した『「親と子の2分の1成人式」研究会報告書』(2008年9月)によると、2分の1成人式には「子の育ち」「親の学び」「地域の参画」の3つの意義があるという。

そして、「父母等へのアンケート結果」から、「子どもの成長を改めて確認する場となったことや、自らの子育てを振り返る機会となったなどの感想が示され、子どもだけでなく、『親の学び』の場としても非常に意義のある取組である」と高い評価が下されている。

同研究会によると、「2分の1成人式」は基本的には「子の育ち」のための行事である。他方で、「親の学び」や「地域の参画」の観点からの有効性がそれほど認識されていないため、「親の学び」を促進していく必要があるという。

ここでいう「親の学び」で推奨されることとは具体的には、保護者が子どもに手紙を書く、子どもからインタビューを受ける、10歳の頃の自分の様子を作文する、保護者が子どもを力強く抱きしめるなどである。
保護者に対する教育的視線は、愛知県だけにとどまらない。『小四教育技術』の２０１１年１月号においても、次のような説明がある。

「2分の1成人式」の取り組みには、保護者への啓発的な意義もこめたいのです。子どもの心と身体の成長をともに確かめ、共感してもらうことで、保護者自らが、わが子へのかかわりを問い直す絶好の機会としたいのです。そして、子育てへの意識に何らかの変化が生まれることが期待できるでしょう。

愛知県の「親の学び」もそうであるように、保護者へのはたらきかけについて、その意図や具体的項目を見てみると、それらはけっして特殊な何かを指すようなものではないことがわかる。上記の「保護者への啓発」というのも、これまでに見てきた手紙のやりとりや生い立ちの振り返りといった活動のなかに埋め込まれているものである。意外にも、ありふれた「2分の1成人式」の光景がそこにある。

保護者に対する教育は、どこまでそれを明示的に言語化するかは別として、特定の自治体や学校に特有の実践というよりは、基本的に「2分の1成人式」に定番の実践である。「2分の1成人式」ではさまざまな仕掛けを施して、子どもと保護者が触れあい、さらにそこで両者が感極まるように計画してある。それを「親の学び」とよぶかどうかに関係なく、「2分の1成人式」では明らかに、教員が準備した舞台の上で子どもと保護者が関わり合い、両者が何らかの新たな気づきを得ることが期待されている。

時代にそぐわない単純な幻想

「2分の1成人式」とは、子どもの教育さらには保護者の教育までをも織り込んだ盛大な学校行事である。保護者への手紙や生い立ちの振り返りなどを通して、子どもも保護者も学んでいくことが意図されている。

しかしながら、そもそも学校が、子どもだけならともかく、保護者をもそこまでして教育しなければならないのだろうか。

しかも、仮に保護者を教育すべきことには同意できたとしても、そこで想定されている子どもと保護者との関係というのは、「（離婚も再婚もなく）実父母が子どもをずっと大事に育てきたはず」という、あまりに単純な幻想である。

子どもと保護者を、平和で一様な家族幻想のなかに押し込めて、そこで子どもと保護者を教育しようというのが、「2分の1成人式」の実践である。

だが、家族というものがもはや単一のモデルで語れるものではなく、またその閉ざされた扉の内側では虐待といった深刻な事態が起きていることが、今日明らかになっている。家族に幻想を抱くことは自由かもしれないが、その幻想を当たり前のものとして、学校行事のなかに取り込み、全員にそれを強制するというやり方は見直されるべきである。

学校教育というのは本来、子どもの家庭背景を問わない場として設計されたものだ。江戸時代の身分制度を脱して、明治時代に今日につながる学校教育制度がつくられた。学校は、生まれ（家庭背景）に関係なく子どもが平等に学べる空間として誕生したのであった。

「学力格差」が話題になるとき、そこで重要なのは、試験の点数について上位層と下位層の間に開きがあるということではない。子どもの家庭背景が、その上位層と下位層を規定しているのではないかということが重要な関心事である。つまり、裕福な家庭の子どもが点数の上位を占め、貧困家庭の子どもが下位を占めるという事態が懸念されている。

家庭背景を学校に持ち込まないという学校教育制度を土台にしたとき、はじめてこのような懸念が生まれる。いかに家庭背景の影響を低減するのか、それが学校教育制度の使命なのである。

それが、なぜいまになって、家族に回帰しようとするのか。なぜ、家族という資源を、積極的に教育実践のなかに持ち込もうとするのか。しかも、家族の多様な現実に蓋《ふた》をして、かつ被虐待児の存在も気にかけないというやり方で。じつに単純な幻想のもとでの家族回帰である。

家庭背景というのは、子どもにとってはどうにもコントロールできないものである。私が「2分の1成人式」の問題を訴えたとき、「嫌だという子どもの声をいちいち聞いていたら、何もできなくなる」という意見をいくつも目にした。だが、「2分の1成人式」がもたらす苦しさの原因は、子どもの意志では動かせない対象である。その家庭背景のことで、特定の子どもが不利益を被る事態は、回避すべきである。

「集団感動ポルノ」

被虐待児のケアや多様な家族への配慮は、教育関係者であれば誰もが大事だと考えている事項のはずである。なのに、なぜ家族幻想をベースにした「2分の1成人式」が、これほどまでに日本の学校教育で拡がりをみせているのか。

そこには「感動」という「善きもの」が、大きな影を落としているように思える。つまり、「感動」を求め始めた途端に、「2分の1成人式」がもつ諸々の問題が不可視化されてしまうのである。

「2分の1成人式」関連のSNSや記事を見てみると、「感動した」「涙が止まらなかった」という声があふれている。保護者も教員も、そのことを嬉々として語っている。ある指導書には「泣いてしまいそうな感動的な歌を歌う」と記されているし、またサプライズで手紙をわたすというのはまさにお涙頂戴を狙ったものである。感動という心を揺さぶる経験が、私たちから冷静さを奪い、問題に気づくことを難しくしている。

さらに厄介なのは、そこに「集団性」が加わっている点である。感動によって問題が不可視化されるだけでなく、集団の圧力というものが、個々別々の問題を見えにくくさせる。「虐待も離婚・再婚もなく子どもが元気に育っていく」という家族像を礼賛したがる多数派のもとで、少数派の声はかき消されていく。しかも、子どもにとって家庭背景はコントロールできないものであり、少数派であることを自分の意志で選んだわけでもない。そこに多数派が、「自分たちの家族観を信奉せよ」と押し付けてくるのである。

子どもを題材にしながら、クラス全体で感動を呼び起こすという式のあり方は、いわば「集団感動ポルノ」といってよい状況である。

「感動ポルノ」(inspiration porn) とはもともとは、オーストラリアのコメディアンであり、ジャーナリストのステラ・ヤング (Stella Young) 氏が拡げた言葉で、健常者の利益のために、障害者を感動の対象としてモノ扱いすることを指している。「2分の1成人式」もまた、子どもを感動の対象に据えて、大人たちが感動を享受するという場である。しかもそれが、個人的な空間ではなく、学校という公的な空間で、集団的に遂行される。その意味で「集団感動ポルノ」なのである。

保護者からのまなざし

それでは、この仕掛け人は誰なのか。学校教育の範疇で教員が始めたイベントであるからには、仕掛け人が教員であることはまちがいない。

しかしながら、教員はなぜこれほどまでに「感動」を追求しなければならないのか。教員の個人的趣味だと言ってしまえばそれまでだ。だが、私はそこに、保護者からの厳しいまなざしに日々さらされている教員の姿を読み込んでしまう。

保護者にいかに満足してもらうのか。そのとき、安直な感動物語に飛びつきたくなるのも、無理はない。子どもへの気遣いに長《た》けている教員であっても、保護者への気遣いを優先した途端に、お涙頂戴の家族幻想に手をつけてしまう。そこで子どもはモノ化し、教員と保護者がともに集団感動ポルノを満喫することになる。

ただし、繰り返すように、被虐待児のケアや多様な家族への配慮は、教員であれば常日頃から気にかけていることである。「感動」の追求に走らなければ、教員の目にはきっと個々の子どもの現状がよく見えているはずである。

教員が「感動」を求めてしまうことの背景に、保護者からのまなざしがあるのだとすれば、保護者は教員が冷静に子どもの現状を見ることができるよう配慮すべきである。少なくとも、教員と一緒になって子どもをモノ化し、集団感動ポルノに浸ってしまうことだけは避けなければならない。

「うちの学校では、『2分の1成人式』はやるけど、家族とは切り離して実施している」という先生の声を、私はいくつか聞いている。あるいは、ある校長先生は、私の記事を読んで、「家族のことには触れないほうがよいのでは」と4年生担任に提案してくれた。そうした現場側の判断を、今度は保護者の側もしっかりと評価していくことが重要である。

10歳の節目は、家庭背景をわざわざ根掘り葉掘り引き出さなくても、祝うことができる。学校は、子どもの家庭背景をあれこれ活用する場であってはならない。家庭背景を問わず、子どもたちが前を向いて生きていけるようなかたちでの「２分の１成人式」が望まれる。

第3章

運動部活動における「体罰」と「事故」

——スポーツ指導のあり方を問う

部活動中に亡くなった工藤剣太さんの防具
／写真提供 工藤英士さん・奈美さん

1　暴力と事故を俯瞰する

スポーツ倫理の視点

2009年に柔道事故の問題を訴えたとき（詳しくは第5章参照）、私はそのエビデンスを見つけ出した研究者として、たびたびマスコミからの取材を受けた。その取材のなかで、何回か尋ねられたのが、暴力の問題であった。「死亡事故の背景には、しごきの文化があると思われますか」といったような質問である。

そのときの私の返し方は、いつも決まっていた。「私は数字からわかることしか言えないので、しごきのことまではわかりません」と。実際に私が手にしているデータは、第1章で述べたように、日本スポーツ振興センターが発表した事故事例概要と、その蓄積として量的に把握される件数だけである。それらの事故事例概要には表面的な出来事が紹介されているだけで、けっして暴力のような深刻な様子は記載されていない。しごきの現実があるということを多くの当事者から耳にしていながらも、私はずっと無関心の態度をとり続けた。

しかし、それは長くは続かなかった。純粋に競技の練習のなかで起きた事故もあるものの、明らかに暴力的な練習、あるいは「しごき」とでもよぶべき過酷な練習のなかで、生徒が生命を絶たれたり、重度障害を負ったりしている。「柔道事故」あるいは「スポーツ事故」とよぶだけでは済ませることのできない、むしろ「柔道事件」「スポーツ事件」とよぶべき凄惨な事案がいくつもある。

私は徐々に、スポーツ倫理の視点からスポーツにおける「暴力」の問題に対して、発言を始めるようになった。スポーツ指導における暴力は、許されるべきではない。数量的な指標ではあらわせないけれども、運動部活動のなかに指導と暴力がたしかに共存している。そのことを訴えなければ、スポーツにおける重大事故も防げない。

新たな角度からのアプローチ

このような問題意識から、本章では、学校におけるスポーツ活動、とくに運動部活動について、指導と「体罰」の問題を考えていきたい。

これまでも、スポーツ指導における「体罰」の問題は、たびたび論じられてきた。だが、本章はそれらの議論とは少しちがった新たな角度からアプローチしていきたい。

従来の議論との相違点として、第一に、「体罰」が「教育の一環」とみなされることに着眼する。これは本書そのものの主題でもある。

「体罰」をめぐる多くの議論では、概してそれが「悪しきもの」であることに力点が置かれてきた。もちろん本書も、「体罰」のないスポーツ指導を理想視する点で、それらの議論と方向性は同じである。だが本書では、それ以前の問題として、「体罰」という名の暴力がよしとされていることにこだわってみたい。

従来の議論との相違点として、第二に、スポーツ事故と、「体罰」ならびに過酷な練習との接点を探る。

これまでスポーツ活動における「体罰」がとりあげられるとき、それはスポーツ指導で「体罰」がよく用いられているということの問題性を指摘するにとどまっていた。だが、私は、スポーツ中の事故の何割かは、その背景に「体罰」や過剰な練習を含む精神論的スポーツ指導があると考えている。

ここでいう「過剰な練習」「過酷な練習」「精神論的指導」などを、総括して「過剰鍛錬」とよぶことにしよう。「鍛錬」という語には、身体面にくわえて精神面での厳しい練習が含意されている。

「過剰鍛錬」は、拷問のような状況だけを意味するものではない。暑熱《しょねつ》環境下であるにもかかわらず、毎日のように練習をするのも、広い意味で過酷な練習であり、過剰鍛練と呼びうるものである。それは、熱中症を発症させることにもつながるし、体力の消耗によってさまざまな怪我を生むことにもつながる。過剰鍛錬は、「善きもの」としての目標とは裏腹に、事故のリスクを高めている。

以下、まずは「体罰」という名の暴力がスポーツ活動においてよしとされていること、すなわち「教育の一環」に含み込まれていることについて検討したい。その検討の後に、「体罰」や過剰鍛錬が、事故のリスクを高めていることについて考えたい。

2　「教育の一環」としての暴力

「体罰」をめぐる奇妙なやりとり

「体罰」とスポーツとの親和性について検討するに先立って、「体罰」の語法について、1つ注意を促しておきたい。

なぜなら、「体罰」という表現をめぐって、しばしば奇妙なやりとりがおこなわれるからである。私が知るケースを紹介しよう。ある生徒が部活動で顧問から平手打ちを受けた。このことが表沙汰になったときに、校長の説明は「平手打ちはあったけれども、生徒の成長を願っての指導であり、体罰ではない」と保護者に説明をした。「平手打ちはしたが、体罰ではない」とは、いったいどういうことなのか。

この説明は、けっして特殊なものではない。「体罰」が疑われる事案では頻繁《ひんぱん》に聞かれる常套句《じょうとうく》である。こうした奇妙な説明がなされるその最大の理由は、学校教育法の規定にある。学校教育法第十一条に、教師は「児童、生徒及び学生に懲戒を加えることができる。ただし、体罰を加えることはできない」と記されている。体罰は、法令において明確に禁止されている。それゆえ学校側は、暴力行為であったことは認めても、「体罰ではない」と言い張るのである。

それでは、「体罰」ではないとすれば、いったい何なのだろうか。先の例のなかにも示したように、その答えは、「子どもの成長を願って」なされた正当な教育的行為、すなわち「指導」である。「体罰」という法令で禁止されている行為は、言葉ひとつのちがいで、突如《とつじょ》として子どものために必要な、子どものことを思っておこなわれたものに変貌する。

このような奇妙さに加えて、さらに「体罰」という日本語の意味が、話をいっそう混乱させている。『広辞苑』の第六版によると「体罰」とは「身体に直接に苦痛を与える罰」を指す。そして、「罰」とは「罪またはあやまちのある者に科する懲らしめ。しおき」である。つまり、「体罰」とは何らかのあってはならない行為に対して、本人を懲らしめるために発動されるものである。

そこには「罰としてやむを得ない」という価値観が見え隠れする。「やむを得ない」という意味がもともと込められている以上は、「体罰はやむを得ない」あるいはその逆の「体罰は許されない」という言い方は、議論を混乱させるだけである。そこで行動レベルに落として、「暴行はやむを得ない」または「暴行は許されない」、さらに行動の側面をはっきりさせるならば、「平手で頬を叩くことはやむを得ない」または「平手で頬を叩くことは許されない」というかたちで、議論がなされるべきである。

このような混乱を避けるために、「体罰」をめぐる記述は、まずもって「平手打ち」「蹴り」といった行為を含む「暴力」「暴行」等の言葉に置き換えられるべきである。つまり、客観的な行動のレベルで、何が起きたのかを詳細に把握するという方針である。

「体罰」とは、学校教育法の文脈からすると「やってはならない」という価値観が多分に含まれている。他方でそれゆえに「叱咤激励」という解釈がなされる。さらには「罰」という意味で、必要悪との語感も含まれている。このような扱いにくさに比べて「暴力」「暴行」

という語は、観察された事象を素朴に描《えが》き出《だ》す概念である（もちろん「暴力」「暴行」にも負の価値が含まれているものの、基本的には行動レベルに注目した語句とみなしたい）。

「暴力」や「暴行」は、何が起きたのかを突き止めようとする語である。行動レベルの語を用いて記述することを心がけないと、その場で起きたはずの事実が、「体罰ではありません、叱咤激励です」という奇妙なやりとりのなかに埋もれてしまう。教員が、学校の外で通行人のマナーが悪いからといって殴りかかれば、それはまずは暴行の問題として処理される。さまざまな文脈はそれに伴って問われることはあるだろうが、まずは何が起きたのかを突き止めることが最優先だ。

行動レベルで事実が確認できる準備が整ったその行く先に、倫理的事項として、その行動を認め、受け入れるべきかどうかの判断が求められる。そして、本書は基本的にスポーツ活動中の暴力を容認しないという価値判断をとりたい。

暴力に甘い教育界

２０１５年の１月末、文部科学省が２０１３年度の全国公立学校における教職員の懲戒処分状況を発表した。そのなかでも注目を集めたのが「体罰」であり、マスコミは一斉に「過去最多」「大幅増」「4000人処分」といった見出しをつけた。学校に暴力が蔓延《まんえん》しているかのような印象である。

教員による暴力には、実際に起きていたとしても統計にはあがってこない事例が多くあると推測される。このように表には出てこない数字は「暗数《あんすう》」とよばれ、統計を読む際には十分に注意が必要になる。後述する桜宮《さくらのみや》高校の事案以降、教員による暴力事案については、教育界や世間の目はかなり厳しくなったので、一般には、かえって暴力事案が可視化されやすくなる。その結果、見かけ上の数字が増えたとみることができる。

その点についてはマスコミも慎重であり、見出しとは裏腹に、件数が増えたことについては「体罰に対する認識が変わり実態が把握されるようになった」(「NHKオンライン」2015年1月30日)「各自治体で実態把握や処分の厳格化が進んだことが背景にある」(『毎日新聞』2015年1月31日)とあるように、実際に暴力が蔓延するようになったのではなく、私たちのまなざしが敏感になったのだと説明している。

ただし、それらの報道では触れられていないことが1つある。それは、処分の重さについてだ。2013年度、自動車の「飲酒運転」では、68件の処分があり、うち約半数の33件がもっとも厳しい「懲戒免職」の処分を受けている。また、「わいせつ」行為についてはさらに厳しく、205件の処分中、約6割にあたる117件が「懲戒免職」である。

他方で、「体罰」はというと395３件の処分のうち「懲戒免職」は、なんとゼロ件である。生徒の被害のなかには、鼓膜損傷が24件、骨折・ねんざが31件ある。重大な傷害だと思われるが、それだけでは懲戒免職になることはほぼ確実にないのが現状だ。なお、その他には外傷が126件、打撲が292件起きている。

じつはそもそも懲戒処分に関する指針自体が、「体罰」に対してはゆるい。たとえば「横浜市立学校教育公務員の懲戒処分に関する指針」では、「児童・生徒に体罰を行い負傷させた（精神的な後遺症を与えた場合も含む）職員は、停職、減給又は戒告とする」とあるように、生徒に怪我を負わせただけでは、処分の上限は「免職」ではなく、「停職」にとどまる。「この場合において過去に処分歴が有る職員は、免職又は停職とする」または「児童・生徒に対して、悪質又は常習的な体罰を行った職員は、免職又は停職とする」として、過去の処分歴がある場合や、悪質性や常習性が認められる場合に、ようやく「免職」の可能性が出てくる。

他方で、性的な言動に対する処分は厳しい。「児童・生徒に対して、セクシャル・ハラスメントをした職員は、免職、停職又は減給とする」とあり、セクハラには免職が含まれている（指針によると「セクシャル・ハラスメントとは、職場の内外を問わず、他の者を不快にさせる性的な言動をいう。例えば、わいせつな言辞、性的な内容の電話、性的な内容の手紙・電子メールの送付、身体的接触、つきまとい等の性的な言動をいう」)。

また、公務以外の場面での暴力にも、厳しい処分が待っている。「人の身体を傷害した職員は、免職、停職又は減給」とある。そして、万引きのような窃盗の場合にも、「他人の財物を窃取した職員は、免職、停職又は減給」とされている。実際に、セクハラ(わいせつ行為)や万引きによる懲戒免職は、ニュースで耳にすることも多いだろう。

データを遡って、文部科学省のウェブサイトで処分関係のデータが入手できる2007年度以降を見てみると、図9(124ページ)にあるとおり、「体罰」は他の問題行為と比べて処分件数は圧倒的に多いものの、「懲戒免職」の件数はほとんどゼロに近い(計3件)。なお、図のなかにある「傷害・暴行等(一般)」というのは、たとえば教員が休日に学校の外で一般人に対して傷害を負わせたような場合を指す。学校管理下で子どもに傷害を負わせたような場合には、「体罰」でカウントされている。

処分全体(懲戒処分+訓告)に占める懲戒免職の割合で示すと、飲酒運転による交通事故は51・4%、わいせつは59・9%、一般の公務外での傷害・暴行等では33・8%であるのに対して、体罰は0・04%となる。「体罰」は、たくさん発覚するようになったとはいえ、

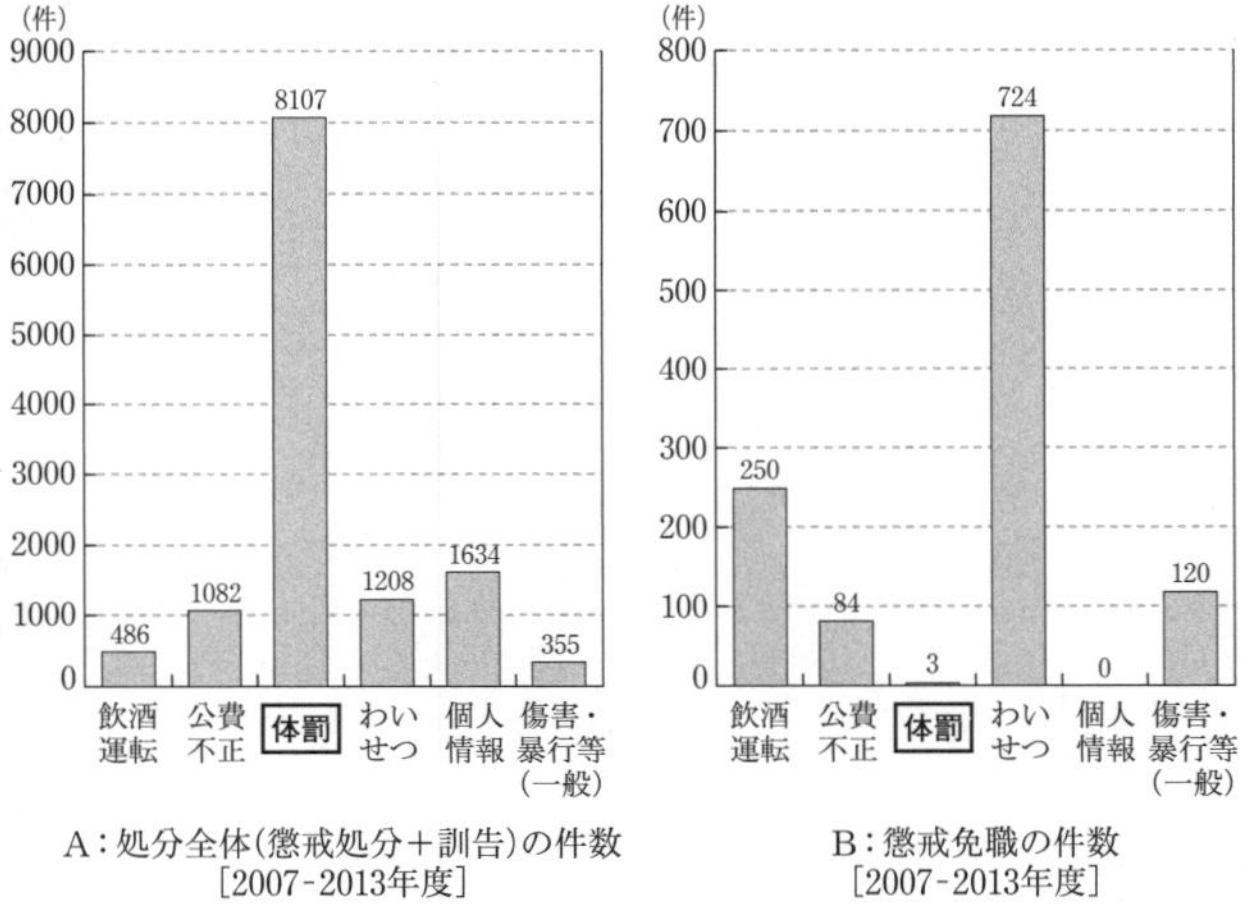

出典：文部科学省『公立学校教職員の人事行政状況調査について』各年度版の統計表より作成

図9　公立校教職員における懲戒処分の現状

発覚してもその処分は、他の問題行動と比べてじつに甘い。

桜宮高校の暴行自死事案もまた「教育」

２０１２年12月に大阪市立桜宮高等学校で、バスケットボール部の２年生男子が顧問からの暴力を苦にして自殺した事案は、世間を大きく騒がせた。翌年９月に開かれた刑事裁判の初公判では、裁判官、検察側、弁護側に示されたビデオ映像に、被告人である元顧問が生徒の頰を20発ほども激しく平手打ちする様子が収められていた。

検察側は、「口が血まみれになっても殴っていた」と指摘する。それほどに強い暴力だったのだろう。生徒はその翌日に、家族に宛てた遺書を残して自ら命を絶った。「何を考えて殴ったのか」と生徒の母親が問い詰めたとき、元顧問の答えは、「指導です。強くなってほしいと……」というものであった（『週刊朝日』2013年9月20日）。その当時の顧問の認識では、口が血まみれになるような暴力でさえ、指導すなわち教育活動だったというのである。

いまでこそ、顧問は深く反省している。しかし注意しなければならないのは、殴っているときは、「強くなってほしい」と生徒のことを思いつつ、「指導」していたということである。つまり、自殺した生徒は、「あなたのためにやっているんだから」と暗に示されながら暴力を振るわれ、ついには自死の道を選ぶことになった。「あなたのため」の指導でなぜ、生徒が死に追いやられてしまうのか。「教育」という営みに内包される暴力の姿が見えてくる。

「学校事故・事件を語る会」という被害者団体がある。同会のメンバーであり、ラグビー部の練習中に熱中症で中学生の子どもを亡くした遺族は、「学校の常識は、世間の非常識」と、学校を厳しく非難する。炎天下で子どもが倒れ込むまでランニングをさせ、さらには倒れた後も「演技をするな」と叱りつけ、そのなかで生徒は帰らぬ人となった。学校の外ではおよそ許されないような人の扱いが、学校社会では教育という名のもとに容認されてしまう。

これらの事案は、極端な例である。ここまで激しく倒錯した教育実践が、日本の全域を覆っているということはない。多くの子どもたちにとって、学校は安全・安心の場であろう。だが改めて確認したいのは、これらは極端な例ではあるけれども、だからといってそれは、リンチ事案でもなければしごき事案でもないということである。「教育の一環」で起きた不運にすぎないとされるのである。顧問本人も「指導です」と答え、また世の議論もそれを「行きすぎた教育」「行きすぎた指導」と言い表す。

痛ましい暴力事案でさえもが、「教育」という名のもとに起きている。「教育」の理想を先行させ、そこに潜む負の側面、すなわちリスクを見ようとしない精神構造がある。

2013年5月に朝日新聞社が3大学の運動部所属の学生を対象に調査（510名が回答、回収率は記載なし）したところ、「指導者と選手の信頼関係があれば体罰はあっていいか」との質問に対して「そう思う」「どちらかといえばそう思う」の回答が62％あったという（『朝日新聞』2013年5月12日）。信頼関係があるという条件付きでの暴力容認派は、6割に達する。そして、「体罰」の肯定的な影響として、「気持ちが引き締まった」が60％、「指導者が本当に自分のことを考えていると感じた」が46％あったという。

暴力に代わる効果的な指導方法

この調査は、さらに興味深い結果を示している。「指導者と選手の信頼関係があれば体罰はあってもいいか」と「スポーツを教える側になったとして体罰を使うか」の２つの質問について、小中高時代に指導者から「体罰」を受けた経験の有無別に回答の差を見たのが図10である。

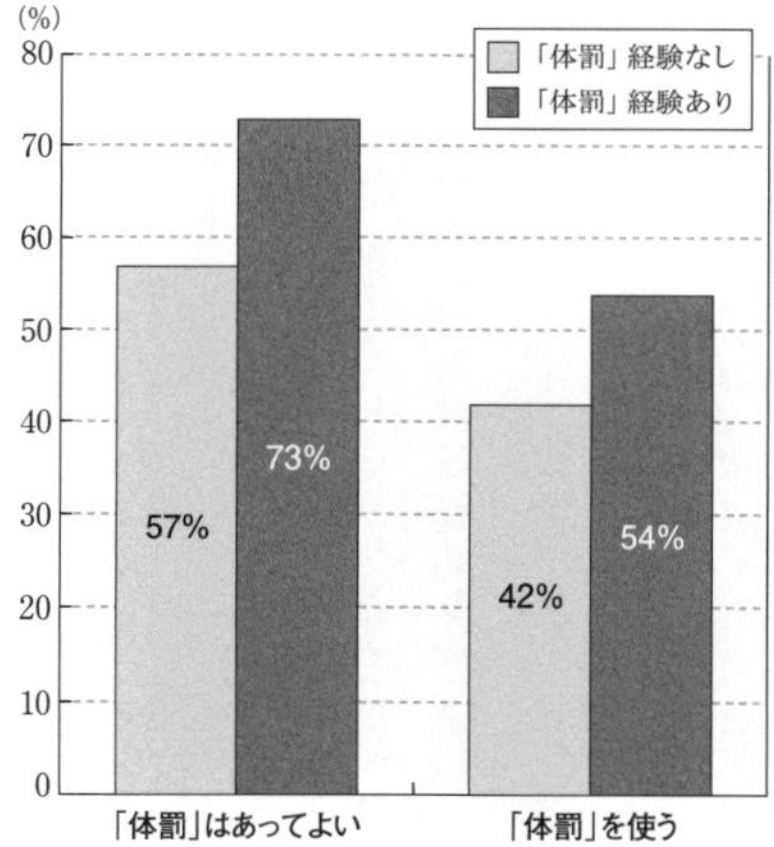

出典：朝日新聞社の調査結果より作成

図10　暴力経験の有無別にみた暴力の肯定感

「体罰」経験ありの学生のほうが、いずれの質問においても、肯定的な態度を示している。すなわち、「体罰」を経験することで、「体罰」はあってよいと感じるようになり、また「体罰」を使うことへの抵抗感も弱くなるのである。いわゆる、「暴力の連鎖」の図式がここから読み取れる。

ただし、そもそもの問題として話が戻ることになるが、「体罰」経験なしの学生でも、「体罰」に対する態度はそれほど消極的ではない点には留意すべきである。経験なしでも、経験ありの学生と大差なく、「体罰はあっていい」と考え、実際に教える立場になれば「体罰を使う」と学生たちは答えている。自分が暴力を受けていないとしても、暴力に一定の意義を認めるという空気が運動部活動のなかに漂《ただよ》っていることが理解できる。

これら複数のエビデンスからは、運動部やスポーツ系学部の大学生のうち半数程度は、スポーツ指導時における暴力を容認していることがわかる。かれらは、暴力にそれなりの意義を感じている。暴力に百害があるとすれば、おそらく三十か四十くらいは、あるいはもしかして百二十くらいは利があるのかもしれない。

「暴力には百害しかない」「暴力では強くなれない」は、各種調査のエビデンスを前にしてはまったくの無力である。もちろん、別の調査ではおそらく暴力の否定的な影響が大きく出ているものもあろう。私はそれを無視しようとは思わない。

ただ大事なのは、多くの人びとが暴力を肯定的にとらえているという現実である。その容認的態度こそが最大の問題点ではなかったか。脈々と暴力が受け継がれてきた、その日本社会の素地に踏み込むことで、暴力の現実を直視することが必要なのである。

科学的スタンスを重視すればこそ、ときに科学から潔《いさぎよ》く降りることも大切である。エビデンスがあるときに、そこに意味を与え、評価を下すのは、一人の人間である。エビデンスを前にして、どう立ち振る舞うのか。そこにこそ科学者としての醍醐味《だいごみ》と難しさがある。

私自身は、暴力には指導者においても生徒においても、一定の効果があると考えている。そのようなエビデンスが出ている以上は、「効果がない」「強くなれない」などと、無責任なことは言えない。暴力を受けたことで、気を引き締めて真剣にスポーツに向き合った人もいるだろう。平手打ちされたことで奮起して実力をつけた人もいるだろう。それは現実に起きていることだ。

その現実を受けて、そのうえで一人の人間として、私はここに表明したい。暴力には、効果がある。そうだとしても、もうやめようではないか。暴力に代わる、効果的な指導方法を生み出すべく、みんなで知恵を絞ろうではないか。体育の専門家、教育の専門家、学校関係者は、暴力なしでどのような指導が可能か、追求していかなければならない。

今日はもう、暴力に頼る時代ではない。言論に頼る時代、知性に訴える時代なのだから。

3　スポーツ事故の背景に迫る

スポーツにおける暴力と事故の関係

さて、ここまではスポーツにおける暴力の問題を考えてきた。ここから先は、スポーツにおける暴力と事故との関係について検討していきたい。

学校スポーツ指導のあり方はこの数年、マスコミや関連学会で積極的に議論されるようになっている。本書もまたその流れをくむものである。その気運を高めたのが、桜宮高校におけるバスケットボール部男子の自殺事案と、柔道における重大事故の発覚である。前者が暴力の側面を、後者が事故の側面を照らし出した。そしてこのとき、新たな視点として浮かび上がってくるのが、暴力と事故との関係である。

暴力と事故の問題は、近年注目されているものの、基本的には別々のアリーナで議論されてきた。なるほど、現象に即して考えるならば、暴力と事故はまったくの別物である。

2013年1月のこと、女子柔道のナショナルチームにおける監督からの暴力やハラスメント問題が、女子選手たちの告発によって明らかになり、スポーツ指導者の資質を問う声が大きくなった。

このとき、女子ナショナルチームの問題と柔道事故をリンクさせて、私に意見を求めてきた記者がいる。ニューヨーク・タイムズ（The New York Times）の記者である。２０１３年2月、まさに女子ナショナルチームの問題が、連日にわたって報道されていた最中に、私のもとに連絡が入った。記者からの第一報のEメールには、「柔道界の暴力やハラスメントを含む指導のあり方について調べている」と書かれてあり、「学校における柔道の死亡率の高さは、柔道の指導方法ならびに柔道特有の慣例や文化に関係するものでしょうか」との質問が付されていた。

ニューヨーク・タイムズから見た日本のスポーツ

ニューヨーク・タイムズは２０１３年4月18日付けの記事で、「日本は柔道の危機に直面している」との見出しで、紙面一面を使って柔道に関連する諸問題を訴えかけた。記者の関心は、暴力と事故に共通する根を見出そうとするものであった。柔道における暴力の問題に足を踏み入れたくとも、エビデンス重視の科学者としてそうはできないもどかしさを感じていた私にとって、じつに大きな意味をもつ問いかけであった。

暴力を生み出すような柔道界、教育界、スポーツ界の体質が、重大事故にもつながっている。そのような問題提起をしなければ、柔道事故は減らないのではないか、そういった感覚が私のなかに芽生えてきた。

なお、ニューヨーク・タイムズよりも先んじて、柔道事故やハラスメントに通底する問題に切り込んでいた人物がいる。バルセロナオリンピックの女子柔道銀メダリストであり、かつフランスのナショナルチームでのコーチ経験もある溝口紀子《みぞぐちのりこ》氏である。

溝口氏は、日本外国特派員協会における会見（2013年3月5日）で、柔道における重大事故と、ロンドンオリンピックでの日本柔道惨敗、ナショナルチームの暴行・パワーハラスメントといった問題とを重ね合わせながら、「これらは個人的な問題ではなく、組織の体制に深く根ざす危機的な問題である事を確信しました」（BLOGOS編集部「バルセロナ女子柔道銀メダリストが体罰問題を全世界に訴える」）と主張した。氏の著書『日本の柔道　フランスのJUDO』（高文研）では、重大事故、暴力、ハラスメントの背後に、クローズドな「柔道ムラ」の体質が読み込まれている。

日本で唯一の、競技に特化された被害者団体として、「全国柔道事故被害者の会」がある（2010年3月設立）。会が2013年5月に松本市で開催した第6回シンポジウムでは、これまでの「柔道事故」から関心の幅を拡げて「学校安全とスポーツ指導の在り方」をテーマに掲げた。さらに2013年12月に都内で開催した第7回シンポジウムでは「スポーツ指導とハラスメント」を主題にしてスポーツ指導における暴力やハラスメントの問題を訴えた。

一部に限られてはいるものの、柔道ひいてはスポーツにおける事故と暴力を同一の土俵のうえで議論しようという態度が醸成されていった。そのなかで私自身も、スポーツの重大事故の背景に、暴力や過剰鍛錬の現実を読み込むことが、事故の理解においてときに有用であると強く意識するようになった。すなわち、重大事故のいくつかは、暴力や過剰鍛錬のなかで生じていると考え、また訴えるようになったのである。

暴力の2つの振るわれ方

スポーツ指導時における暴力の振るわれ方には、次の2つがある。

1つが、その競技の活動形式とは明らかに異なるかたちで振るわれる場合である。つまり、活動中やその活動の前後に、顧問が生徒の動きを止めて平手打ちをしたり蹴りを入れたりするようなケースである。これは見るからに明らかな暴力である。問題としても訴えやすい。

もう1つが、競技の活動形式のなかに暴力が埋め込まれる場合である。つまり、それが暴力的であるとしても、「厳しくやっているだけ」とみなされうるケースである。厄介なのはこちらのほうである。

とくにコンタクトスポーツ（選手どうしが接触するスポーツの総称）では、競技中の動きと暴力との区別が曖昧になる。

たとえば、柔道界には「まわす」という隠語がある。

ある資料には、柔道の隠語《いんご》がいくつか紹介されている。そこでは「まわす」とは「ある選手を追いつめること。かわいがり。しごき。」と説明されている。そして、「まわす」の具体的な用法が、次のように紹介されている（一部文章を再構成した）。

「俺の知り合いに偉そうなやつがいて、練習をいい加減にやっていたら、先輩にまわされちゃってさぁ。最後には内股で豪快に投げられて頭から落ちちゃって、首ケガしちゃった。」

私が知るとある選手は、「まわされる」ことを避けるために、進学の際には、進学先の柔道部で「まわす」ことが起きているかどうかの情報を集めて、判断材料にしたという。その選手が知る「まわす」というのは、立ち稽古ではなく、寝技でよくおこなわれていた。上級生が複数名で、一人の下級生に寝技をかけ、ときに頸動脈を絞めては「落とす」(意識を失わせる)ことを繰り返す。下級生にとっては、絶え間なく暴行を受け続けるようなもので、地獄にいるような状況である。いまでも「まわす」という行為は、いくつかの学校でおこなわれていて、下級生はそれに怯《おび》えているという。

この「まわす」という名のしごきからは、まさに暴力と事故の結節点《けっせつてん》が見えてくる。上記の具体的な用法に書かれているように、先輩が後輩を「まわす」なかで、後輩は「首ケガしちゃった」のである。練習と暴力と事故のつながりが浮かび上がってくる。

負傷事故の背景にある過剰鍛錬

また、そこまで暴力性が明らかではないにしても、過剰鍛錬は生徒の身体を危険にさらす。たとえば、剣道の練習では、夏季の「特別稽古」が、熱中症のリスクを高めているという。

全日本剣道連盟は、「剣道における暑熱環境下の水分摂取――事故を防ぐ・稽古量を増やす」と題する熱中症予防の資料をウェブサイト上に公開している。そこでは、熱中症を引き起こす剣道特有の要因の1つとして、夏季の「特別稽古」があげられ、次のように注意喚起がなされている。

（熱中症が起きやすい要因の）まず一つは、夏期の稽古が寒稽古と並ぶ「特別稽古」として位置づけられていることがあげられます。特別稽古は技術、体力の向上よりもむしろ精神面の鍛練としての効果を重要視している稽古法であり、場合によっては「水を飲まない」ことも稽古のうちとされます。この稽古方法は精神面の鍛練という側面から言えば効果が得られることもあろうかと思われますが、生命の安全という点から言えば危険と言えます。（括弧内は筆者による補足）

夏季の特別稽古は、「暴力」に値するものではない。ただ、精神面の鍛錬を重視するため、厳しい我慢や練習を強いられる。暴力ではないものの、過剰鍛錬と見ることはできる。上述のとおりそれは、「生命の安全という点から言えば危険」なものである。暴力性はないとしても、精神論にもとづいた過剰鍛錬は、身体に大きな負荷がかかるため、重大事故に結びつきやすい。高い気温や湿度のなかで、身体が耐え切れないほどの運動をする。熱中症という結果は、そのトレーニングがいかに不適切であったかを示している。

スポーツ活動において、ときに暴力が発せられ、またそこまではいかないとしても過剰鍛錬が課される。さらにそれは、事故を誘発させることもある。

ここで改めて問わなければならないのは、それらスポーツ活動は、「善きもの」として生徒たちに勧められているという点である。生徒は、暴力を受けたり修行に進んだりするために、部活動を始めるわけではない。まさにスポーツという営みに教育的意義があるからこそ、生徒はスポーツを勧められるのだ。

だが、その教育的意義というものには、限定性がない。部活動中の暴力も事故も、すべて「善きもの」としての教育の範疇のなかで処理されてしまう。ここに、運動部において暴力や事故が温存される原因がある。

命を落とした生徒たち

暴力教師は、学校に守られている。なぜなら、教員が生徒に暴力を振るったとしても、そしてさらにそれが負傷や重大事故につながったとしても、暴力は指導の一環で生じたことと理解されるからである。「行きすぎた指導」といった表現は、そのあたりの感覚をよくあらわしている。生徒が怪我をしようとも、それは指導が行きすぎてしまっただけであり、それは結局のところ「善きもの」としての指導の範疇に収められるのである。

大貫隆志《おおぬきたかし》氏らによる『指導死』（高文研）という造語は、その意味では卓抜な皮肉である。同書によると、「指導死」とは、「一般に『指導』と考えられている教員の行為により、子どもが精神的あるいは肉体的に追い詰められ、自殺すること」を指す。指導という名のもとでの暴言や暴行により、子どもが自らの命を絶ってしまう。はたしてそれを私たちは「指導」と呼び続けてよいのか、そういった問いを「指導死」は内包している。

学校的文脈のもとでは、暴力は「教育の一環」「指導の一環」と解釈される。だから、「体罰」は、容認される。教育的な配慮のもとで起きたこと（起きてしまったこと）なのだから、大目に見てあげようというのである。

いま、こうした教育界の姿勢に対して、教員の暴力により子どもを失った遺族たちが、声をあげ始めている。以下に2つの事例を紹介したい。いずれの事例も、死因こそ「頭部外傷」や「熱中症」というスポーツだからこその事故のように思える。だが、それ以前に生徒は、暴力的練習あるいは過剰鍛錬のなかでもはやフラフラの状態であった。

死因は「頭部外傷」や「熱中症」だとしても、その背景にはここまで述べてきたようなスポーツ指導における暴力がかかわっていることを理解しながら、事例を読み進めてほしい。

【事例１】　柔道において無制限の乱取りのなかで亡くなった例

１つ目は、柔道部の練習で頭部外傷により亡くなった、中学1年男子生徒の事例である。滋賀県愛荘《あいしょう》町立秦荘《はたしょう》中学校1年生の村川康嗣《むらかわこうじ》さんは、２００９年夏、柔道部の練習中に、顧問に投げられて生命を絶たれた。死亡するまでの過程は、「柔道」の名を借りたまさに「しごき」の場であった。

以下、第三者委員会ならびに判決文（民事裁判）等の資料をもとに、できるだけ第三者的に事実認定された部分をもとにして、事故の経緯を振り返る。

康嗣さんは、柔道にまったく不慣れな初心者であった。そして喘息の持病があった。母親は、日頃から顧問に特別な配慮を要請していた。それにもかかわらず、康嗣さんは連日、他の部員と同様に過酷なトレーニングをさせられていた。

事故当時、武道場は気温30℃を超えていた。部員は3時間の練習を続け、無制限の乱取りへと突入した。15本目の乱取り終了後に、水分補給の時間をとったところ、康嗣さんは水筒がある武道場の中央ではなく、壁側に歩いて行こうとした。この時点で、康嗣さんは意識障害の症状にあったと考えられる。

18本目以降の乱取りにおいては、康嗣さんはかなり脱力している様子で、倒れた後にすぐに立ち上がれないという状況にあった。

最後の26本目の乱取りの時点で、康嗣さん一人だけがフラフラの状態で取り残された。そこで顧問が最後に康嗣さんを投げて、康嗣さんは急性硬膜下血腫を発症した。救急搬送されたものの1か月後に帰らぬ人となった。

第三者委員会の検証報告書では、「柔道の練習は、健康状態、技能レベルを考えた場合、初心者に対して相応しい内容ではなく、被害者にとっては強行で限界を越えた内容であった」と総括された。

この事案は、2014年から2015年にかけて、すべての裁判が終結した。

1つが、刑事裁判である。正確には、刑事裁判は開かれていない。検察は、元顧問の傷害致死罪について不起訴としたものの、母親が検察審査会に審査を申し立てた。検察審査会は、業務上過失致死罪での「起訴相当」の判断を下した。しかし検察側は、業務上過失致死についても「死亡との因果関係は認められない」として、再び不起訴とした。

それを受けて二度目の検察審査会が開かれた。検察審査会による再審査の結果は、「起訴議決に至らない」であった。結論として、元顧問は、いっさいの刑事責任が問われないことになったのである。

もう1つが、刑事裁判に先立って開かれていた、民事裁判である。

民事裁判では、一審において早々と愛荘町の賠償責任は認められた。一般には、原告である遺族側の勝訴である。だが、遺族は納得しなかった。なぜなら、教員個人の民事責任が問われなかったからだ。

じつは、民事訴訟においては「国家賠償法」が適用されるために、公立校の教員個人は、賠償責任が問われない。国家賠償法の第一条に「国又は公共団体の公権力の行使に当る公務員が、その職務を行うについて、故意又は過失によって違法に他人に損害を加えたときは、国又は公共団体が、これを賠償する責に任ずる」と規定されている。

つまり、公立校の教員は、公務中である限りは賠償責任を負わない。部活動中に死亡事故が起きても、国や自治体が賠償を肩代わりしてくれるのである。

遺族はこの国家賠償法の壁に問題意識をもち、柔道部顧問個人の賠償責任を高裁において改めて問いかけることとなった。だが、高裁においても「公権力の行使に当たる公共団体の公務員として、その職務を行う」（判決文）なかでの出来事であるとして、訴えは却下された。2015年2月の最高裁においても、訴えは受け入れられず、顧問個人の賠償責任は結局問われないまま、裁判は終わった。

康嗣さんは夏場の無制限乱取りのなかで最後まで取り残されて、フラフラの状態になりながら顧問に投げられて頭部を損傷し、死亡した。だが、地裁から最高裁まで、それは公務中の出来事であるから、顧問個人の民事責任は問えないと判断された。

「学校では、リンチをして子どもが死んでも、教師の賠償責任は問われないんですか……」

二審の判決後、康嗣さんの母親は声を震わせて、そう訴えた。リンチのような練習もまた、公務員としての職務に含まれてしまう。教育界の誤った指導観は、裁判所の後押しによって支えられている。

【事例2】 剣道において熱中症により亡くなった例

もう1つだけ、事例を紹介したい。剣道部の練習で熱中症により亡くなった、高校2年生男子生徒の事例である。大分県立竹田《たけた》高等学校2年生で剣道部の工藤剣太《くどうけんた》さんは、2009年夏、剣道部の練習中に倒れ、帰らぬ人となった。

第三者委員会ならびに判決文（民事裁判）等の資料から、事故の経緯を振り返ろう。

2009年8月のこと、14日から16日までのお盆休みの後、17日から再開されるはずの練習が部員のインフルエンザ感染により延期され、21日夕刻から練習が再開された。

22日は朝の9時から練習が始められた。正午頃のこと、全員で打ち込みの練習を続けていたものの、剣太さんは顧問から合格をもらえずに、打ち込み練習を続けることになった。その時点ですでに剣太さんはフラフラの状態に陥っており、剣太さんは顧問に対して「もう無理です」と伝えている。

その後も、剣太さんは練習相手に竹刀を払われて、竹刀を落としてしまったにもかかわらず、それに気づかないまま竹刀を構える様子を見せた。それを受けて顧問は、「演技じゃろが」と言って、剣太さんの胴の横を前蹴りした。

それでも練習を続けるなかで、剣太さんは何度か倒れ込み、「このままでは気絶する」と感じた他の生徒が、剣太さんの面の上から顔に水をかけている。そこで剣太さんは意識を取り戻したように見えたものの、フラフラと壁に向かって歩き、壁に額を打ち付けて倒れてしまった。

顧問は、倒れた剣太さんの上にまたがって、「これは演技じゃけん、心配せんでいい」と発し、剣太さんの頬を10回程度平手打ちした。その後、朦朧《もうろう》とした様子の剣太さんに水分が補給されたもののそれをすべて吐いてしまったため、そこで救急車が呼ばれ、病院に搬送された。午後4時過ぎに昏睡状態に陥り、午後7時前、死亡が確認された。

先述の村川康嗣さんの事案と同様に、工藤剣太さんもフラフラになりながら、練習を続けさせられた。さらには、倒れ込んだ後にも平手打ちをされ、最終的に「熱中症」ということで命を落とした。

「もう無理です」と顧問に訴えながらも、聞く耳をもってもらえず、剣太さんは死んでいった。死因こそ「熱中症」かもしれないが、この事案は、暴力をともなった過剰鍛錬がもたらした死亡である。

この事案でもまた、顧問は刑事罰に問われることはなかった。検察審議会で検討に付されたものの、最終的には地検により「不起訴」と判断された。

遺族はいま、民事訴訟で最高裁を闘っている。この件も村川さんと同様に、すでに基本的には遺族側の勝訴が地裁で確定しているものの、教員個人の民事責任が認められない点について最高裁に審議が持ち越されている。2015年3月時点で判決はまだ出ていない。

これら2つの事例は、極端な例である。私がこれまでに見てきた数々のスポーツ死亡事例のなかでも、これらの事例は明らかに常軌《じようき》を逸している。同様のことが一般的にあちこちで起きているわけではない（起きているとしたら、大変な話だ）。

ただし、大事なのは、この極端な例がそれでも刑事罰にも問われれなければ、民事で個人の賠償責任も問われないということである。極端だけれども、やはりここにも「教育の一環」という壁が立ちはだかっているのである。

これら2つの事例は、死因からすればスポーツによる死亡と受けとめられる。だが、これはスポーツだから起きたのではない。スポーツそのものが問題なのではなく、そこに根性論的指導観が付加されていることが問題なのである。

過酷な練習のなかで、生徒はもはや自分で立つ力も失いながら、最後に「頭部外傷」や「熱中症」で亡くなった。スポーツと暴力の結節点で生まれた悲劇であり、事件なのである。

4　暴力文化を支えるもの

暴力の「四層構造」

暴力がともなっていようとも、また死に至るような過剰鍛錬であっても、それは「教育の一環」「指導の一環」とみなされてしまう。しかもそれは、学校内だけでなく、司法の世界においても通用する認識枠組みである。

この事態から見えてくるのは、「善きもの」の呪縛にとらわれているのは、学校関係者だけではないということである。ここまで述べてきた運動部活動に関わる問題は、はたして学校の構成員である教師と生徒の間にとどめておくべき課題なのだろうか。

このことを考えるにあたって、「いじめの四層構造」の議論を参照したい。

「いじめの四層構造」とは、いまやいじめ現象を理解するにあたっては不可欠の視点で、社会学者の森田洋司《もりたようじ》氏が1986年に発表したものである（森田洋司・清永賢二《きよながけんじ》『いじめ――教室の病い』、金子書房）。

通常、いじめはその加害者と被害者の問題として語られる。「いじめっ子」「いじめられっ子」という言葉が、それである。いったい誰がいじめられ、そしていじめをしたのは誰なのかが注視される。

森田氏は、さらにその二者関係の外側にいる人びとに着目した。すなわち、関心の的を被害者と加害者にとどめるのではなく、クラスルームの磁場全体へと拡げたのである。

いじめ集団は、被害者／加害者／観衆／傍観者の四層構造によって成り立っている。いじめの被害者がいて、その周囲に加害者がいて、その外側にはそれをはやし立てたり、面白がって見たりする「観衆」がいる。観衆は、いじめを積極的に助長する。

そしてさらにその外側には、見て見ぬふりをする「傍観者」がいる。周囲にいる人びとが、その出来事に無関心である（無関心を装う）ことによって、いじめは消極的ながらも支持される。この四層構造によって、いじめは継続され深刻化していくと、森田は説いた。

スポーツにおける暴力や過剰鍛錬もまた、その「四層構造」から分析することができる。スポーツ活動の場面において、教員は精神論に頼り切った指導をおこなう、あるいは暴力を振るうことがある。教員が「加害者」であり、生徒は「被害者」である。私たちは問題を、そこだけにとどめて理解し、論じようとする。「四層構造」の議論は、視野をもっと拡げるよう、私たちに要請する。

暴力文化と日本

過剰鍛錬を生徒に課す顧問教員を見て、同僚たちは「指導熱心な先生だ」と高く評価していないだろうか。それゆえ部活動の指導に熱心な先生は、学校内での発言権をもつようになっていく。「観衆」としての教員集団が「指導熱心な先生」を支えている。

保護者もまた、その顧問を高く評価し、そこに子どもを送り出していないだろうか。「土日もぜひ指導してください」と依頼をして、休みのない過剰鍛錬を積極的に支持している。

「観衆」としての保護者である。

先に触れた法曹界も、「観衆」の一部をつくっている。教員の側が、「指導の一環です」と主張する限りは、仮にそれが過剰鍛錬であったとしても、その指導の問題性を指摘することが難しくなる。

「観衆」の最たる例は、教員が暴力を振るったことがマスコミで報じられ非難が起きたときに見ることができる。暴力教員の「寛大な処分」を求めて、保護者やOB、地域住民などの手により嘆願書が集められることがしばしば起きる。

あの桜宮高校の事案でさえ、保護者や卒業生らを中心に1100名分の嘆願書が大阪市教育委員会に提出された。顧問教員に対する処分の軽減を求めるものである（『読売新聞』大阪版、2013年2月15日朝刊）。

桜宮高校の事案が発覚した2013年1月に、陸上部顧問の暴力が発覚した愛知県立豊川《とよかわ》工業高等学校の事案では、元PTA会長らが中心となって集めた、顧問の指導継続を求める署名がその数3・7万人分に達したという（『日本経済新聞』2013年2月16日）。

桜宮高校でも、豊川工業高校でも、学校の外部にいる者たちが、積極的に部活動顧問の暴力を正当化しようとしている。まさに「観衆」として、暴力に拍手を送る存在である。

そして、そこまで積極的ではないにしても、過剰鍛錬を推奨する「指導熱心な先生」のことを、とくに問題視しなかったり、そういうことは運動部活動では当たり前だと気にもかけなかったりする教員や保護者もいる。四層構造のいちばん外側にいる「傍観者」である。「傍観者」の存在もまた、結果的には過剰鍛錬を支えることになる。いま起きている事態に対してとくに声をあげることはないという点で、現状を消極的に肯定している。

先のニューヨーク・タイムズの記事のなかで、全国柔道事故被害者の会の新会長（当時）である村川《むらかわ》義弘《よしひろ》氏は、こう語っている。

全日本柔道連盟と文部科学省は、柔道の危険を放置してきたことと、長きにわたって暴力的文化に手をつけずに容認してきたこととの責任がある。そして、私たち日本人全体も同様に責任がある。私たちは、暴力を受け入れ、暴力が続くことを容認してきたのだから。

ここには、柔道の安全を欠いた指導、暴力を伴う指導が、柔道関係者や学校関係者の問題だけではないことが説かれている。その外側を取り囲む人びとの問題、すなわち、暴力の文化に立ち入ることなくそれを黙認してきた日本社会の問題であるという指摘である。見て見ぬふりをする「傍観者」としての日本社会のあり方が痛烈に批判されている。

暴力を振るう／振るわれるという局所的な場面だけを切り取っていては、暴力が温存される構造までは見えてこない。暴力の文化が、積極的な「観衆」と消極的な「傍観者」によっていかに支えられているのか、そこにまで切り込むことが重要である。

学校化した市民

学校の教員だけが問題ではない。四層構造の視座からそのように考えを拡げていくと、暴力や過剰鍛錬を支える、とある倒錯した状況が見えてくる。

私は、学校に勤めている現役の先生から諸々の相談を受けることがある。メールで長文にわたって現状を報告してくれることもあれば、講演の後に切々と問題を訴えてくれることもある。本格的に問題改善に着手したいという場合には、私が直接学校を訪問して話を聞いたり議論をしたりすることもある。

当の問題の種類によって議論する内容も変わってくるものの、子ども関係の課題の場合に必ずといっていいほどに登場してくる常套句がある。「でも、保護者が……」である。

すべての先生がというわけではないが、多くの先生は、保護者のリアクションを大いに気にしている。とりわけ、新しいことを始めたり、これまでやってきたことをやめたりする際には、保護者がどういう意見を言ってくるかを先取りし、思い悩む。

はじめにでも触れたように、一般に、学校のあり方が批判的に検討されるとき、その背後には「学校vs.市民」（保護者を含む）という図式が想定されている。先生たちの考えは市民感覚からずれている、だから「体罰」や「不適切な指導」がなくならないのだ、という見方である。

私自身、かつて「学校の常識は、世間の非常識」と題する小論を書いたことがある。そのタイトルは、熱中症で中学生の息子さんを亡くした遺族の言葉でもある。炎天下のラグビー部の練習において生徒が体調に異変を感じ訴えたにもかかわらず、顧問は「演技は通用しない」と放置し、生徒は死亡した。

不調を訴えても指導という名のもとに練習が強要される、こんな非常識が学校では通用してしまうという状況を、先のフレーズは示している。まさに、「学校vs.市民」という構図からの問題提起であった。

私はいまもこの構図は、学校の有り様を示すには十分に有効なものであると考えている。

しかし他方で、「市民」というものを一枚岩的に理想視することには慎重でありたい。

そもそも日本の民意は、それほどまでに理想視できるものだろうか。もしそうだとすれば、なぜにここまで、暴力や過剰鍛錬というのが、まかり通ってきたのか。科学ではなく根性論が通用してきたのか。四層構造を用いて説明したように、じつは、「市民」もまた、十分に学校的な存在なのである。

「学校化社会」の行き着く先

いじめ研究で知られる内藤朝雄《ないとうあさお》氏は、『いじめの社会理論』（柏書房）の冒頭で、「問題はわたしたち自身だ」と指摘した。学校のいじめ問題は、日本社会の問題をそのまま映し出したものである。学校の外側はマシな世界だという前提をもってはならない。

「学校化社会」という言葉がある。哲学者のイヴァン・イリイチは、学校的な価値が制度に組み込まれた社会（例：学校を卒業すれば一人前とみなされる社会、学校で受動的に知識を受け入れることが是とされる社会）を批判的に考察した。

宮台真司《みやだいしんじ》氏は、少し文脈を変えて、偏差値重視の学校的価値が社会の隅々にまで浸透した社会をそう呼んだ。そこに通底するのは、学校の価値観が唯一絶対の力をもっていることに対する危機感である。

「学校化社会」という診断は、今日の日本社会をじつに的確に表現している。しかし、私は「学校化社会」の行き着く先として、別のベクトルが生じていることを、このところ強く感じている。

「学校化社会」というのは、学校が影響を与える側で、社会（に生きる市民）はその影響を受ける立場にある。だが、そのようにして市民が学校化してしまったときに、何が起きるだろうか。今度は、学校が自らを変革しようとしても、市民の側がそれを許さないということが起こりうるのではないだろうか。

運動部での暴力事案が発覚した際、教育界側が顧問に対して厳格な処罰を下す前に顧問の寛大な処分を求めて、数千、数万の署名を集めてくるのは、まさに学校の外部の「市民」であった。教育界内部の自浄作用を、外界の側が思いとどまらせようとするのである。学校の変革にとって障壁となっているのは、内部の先生ではなく、外部の市民である。

学校化社会というのは、市民もまた学校的価値観に賛同を示す社会である。学校を卒業した私たちは、十分に「学校化」されている。「学校vs.市民」という構図は、必ずしも通用しない。学校教育のあり方だけでなく、それを支えている私たちの学校観をも問い直されなければならないのである。

ある先生が、「保護者側の問題を表立って語るのはタブー」とそっと教えてくれた。なるほど、公的機関でありサービス提供者でもある学校側の弱みである。私人であるサービスの受け手は学校に対して厳しい文句を言うことが許される。だけれども、学校内部の者が、保護者に対して非難をあびせることは許されない。

だからこそ、本書で強調したいと思う。暴力や過剰鍛錬の問題は、学校の問題であると同時に、私たち市民の問題でもある。スポーツ指導のあり方を考えるということは、けっして学校内部にとどめてはならない、その外側にいる私たち自身を含めた、社会の構成員すべての者にとっての課題である。

■参考資料　学校管理下におけるスポーツ死の実態■

ここでは、スポーツ活動における死亡事故の全体像をつかむために、事故実態を概観する。

文部科学省が、2005年から2013年度の間に死亡または障害（第7級以上）の重大事故が起きた学校の設置者（自治体や私立学園）に対しておこなった調査がある。その「学校事故対応に関する調査研究　調査報告書」によると、2005年から2013年度の間に832件の重大事故について、558件に関する回答が得られ、うち189件（33・9％）が部活動中、94件（16・8％）が体育の授業中だったという。そして、休憩時間等の身体活動も含めると「遊びや運動を伴う事例が全体の約6割を占めていた」という。

学校においては、運動を伴う活動での重大事故が多く発生し、なかでも部活動での事故が

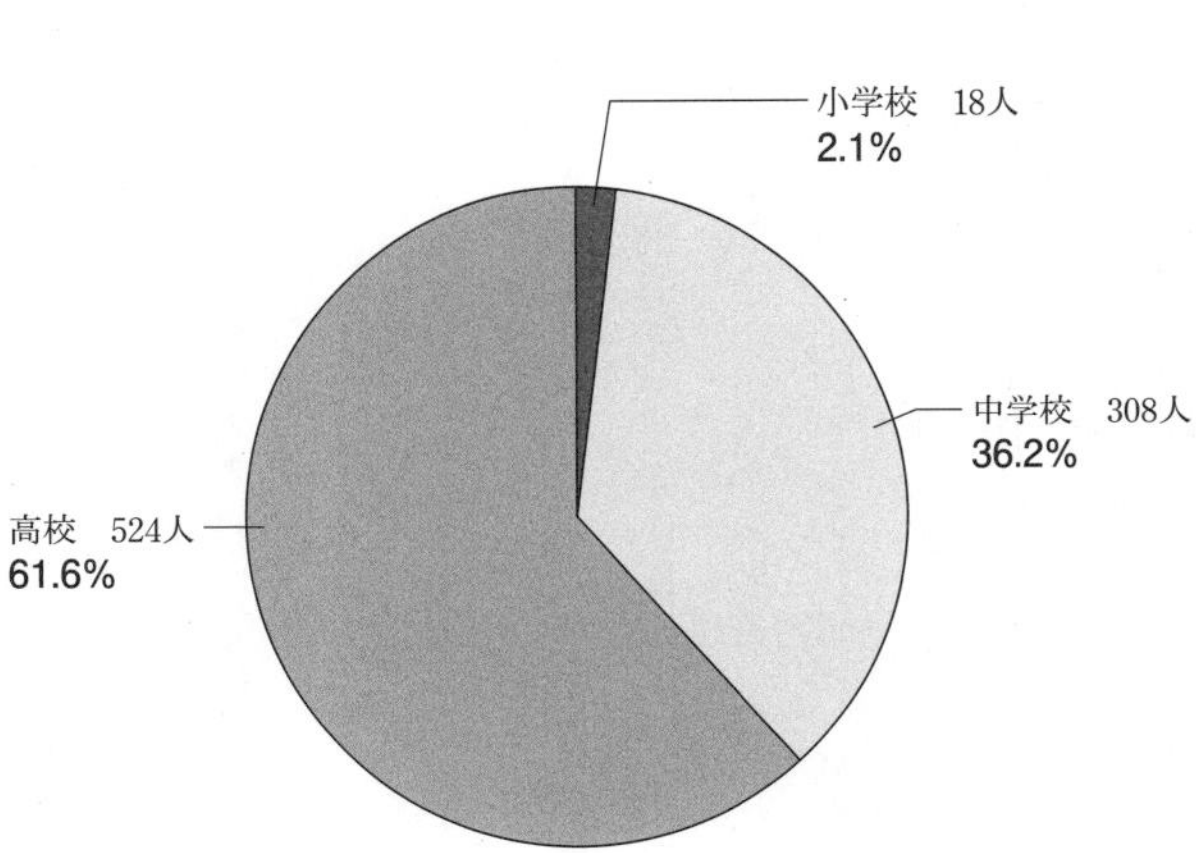

図11　学校種別にみた運動部活動の死亡事故件数［1983-2013年度］

目立つ。重大事故の防止を最優先事項とするならば、とくに部活動中の事故防止は最重要課題と言える。エビデンスを用いたいっそうの分析が必要とされるところである。

そこで次に、運動部活動中の死亡事故の実態に踏み込もう。『学校の管理下の災害』を過去に遡《さかのぼ》って運動部活動の死亡事例を独自に集約・整理した結果を、ここに示したい。

図11は、学校種別に見た運動部活動の死亡事故件数である。１９８３〜２０１３年度の過去31年間に、運動部活動で８５０人の子どもが命を落としている。全国的には、小学校で部活動（特設クラブ）をおこなっている学校や自治体があるため、ここには小学校の事例もカウントされている。ただしその件数は

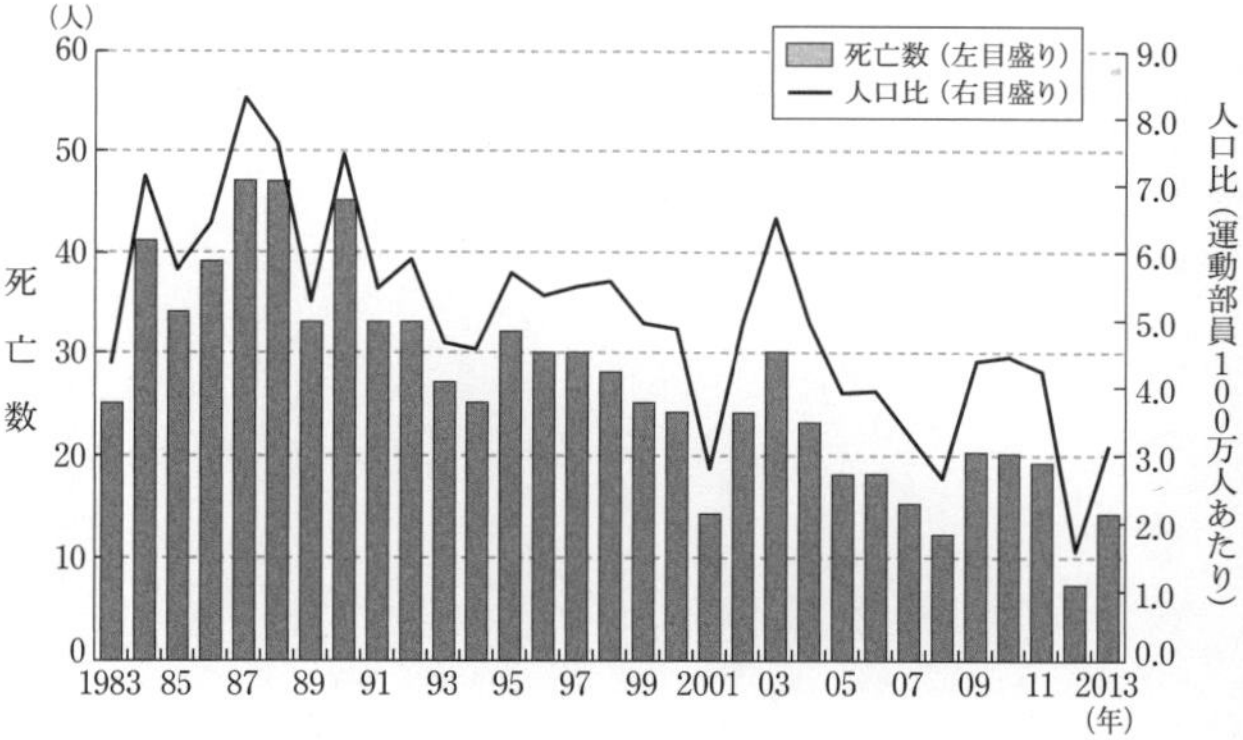

注）運動部員数については、日本中学校体育連盟・全国高等学校体育連盟・日本高等学校野球連盟の部員数調査ならびに、中澤篤史『運動部活動の戦後と現在』で扱われている文部科学省のデータとを照合して推計した。

図12　運動部活動における死亡事故件数と人口比の推移［中学校・高校、1983-2013年度］

少なく、ほとんどが中学校と高校で占められている。とくに高校での死亡事故は多く、５２４件（61・6％）起きている。

以下、中学校と高校に絞って見ていこう。図12は、運動部活動における死亡事故件数と人口比の推移（１９８３～２０１３年度）である。全体的には減少傾向にある。医療水準の向上や安全対策の推進がその背景にあると考えられる。

次に、主要運動部活動（２０１３年度時点における高校の部活動を基準にして、部員数が２万人を超えているもの）について、部活動別の死亡率を見てみよう。まず図13（１５８ページ）が、死亡率のグラフである。各運動部活動の死亡件数を、各部員数で除して算出

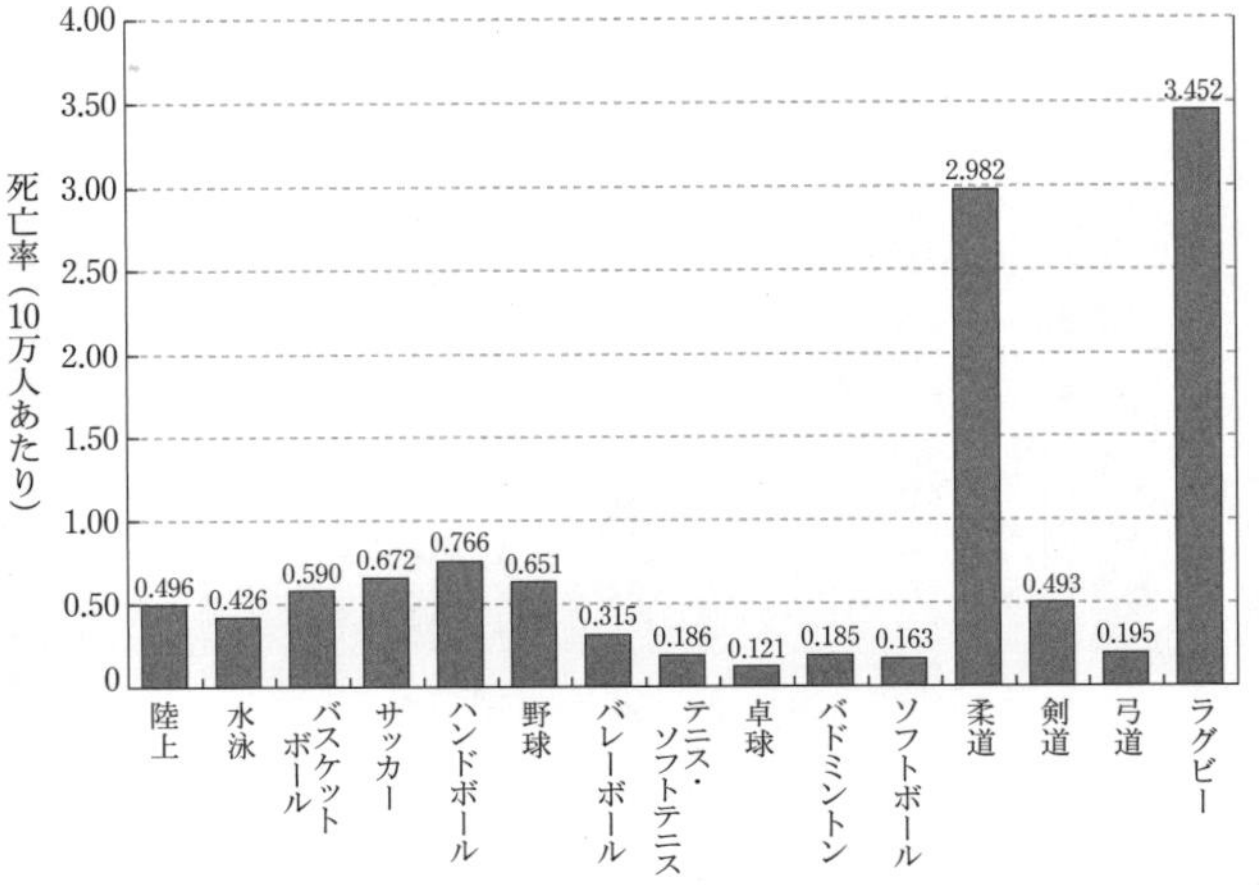

図13　運動部活動別の死亡率［中学校・高校、1994-2013年度］

した。柔道とラグビーの値が、突出して高いことがわかる。

続く図14〜図16は、死因別に見た死亡率のグラフである。頭部外傷においては、柔道とラグビーの2競技と、他競技との間の差は、言葉では表現できないくらいに大きい。熱中症においても、柔道とラグビーは死亡率が高い。突然死に関しては、ラグビーのみ目立って高い。柔道やラグビーは、選手の接触の度合いが大きく、投げられたりぶつかったりと身体への衝撃も大きい。こうした競技特性が、各死因とどのように関わっているのかについては、今後いっそうの検証が必要である。

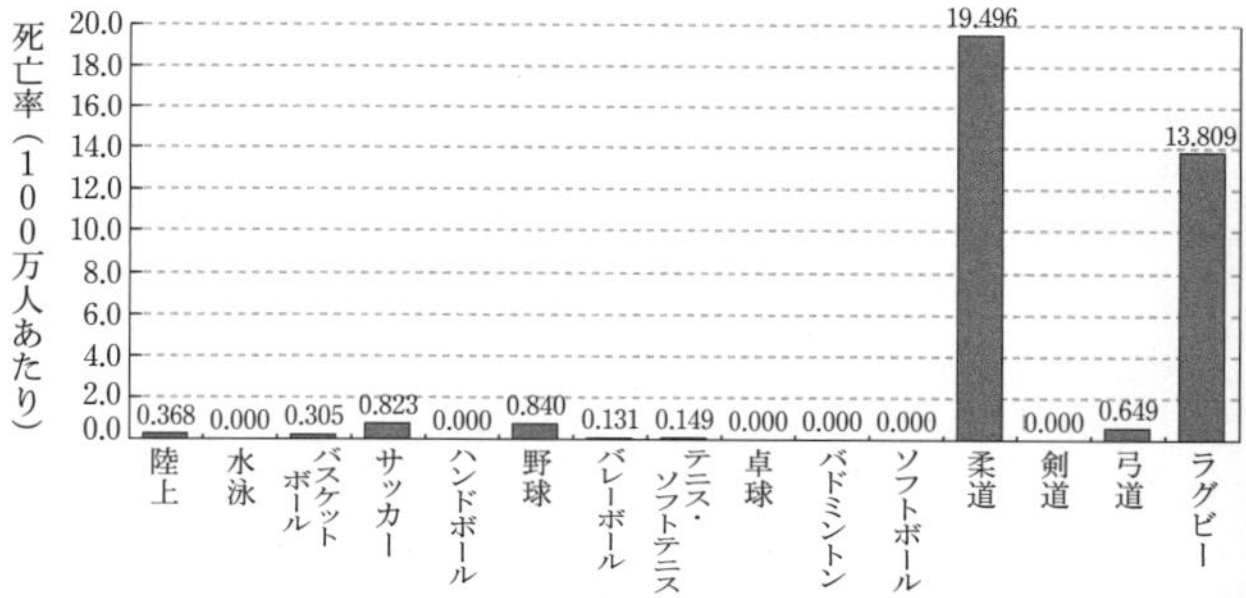

図14　運動部活動別の頭部外傷による死亡率［中学校・高校、1994-2013年度］

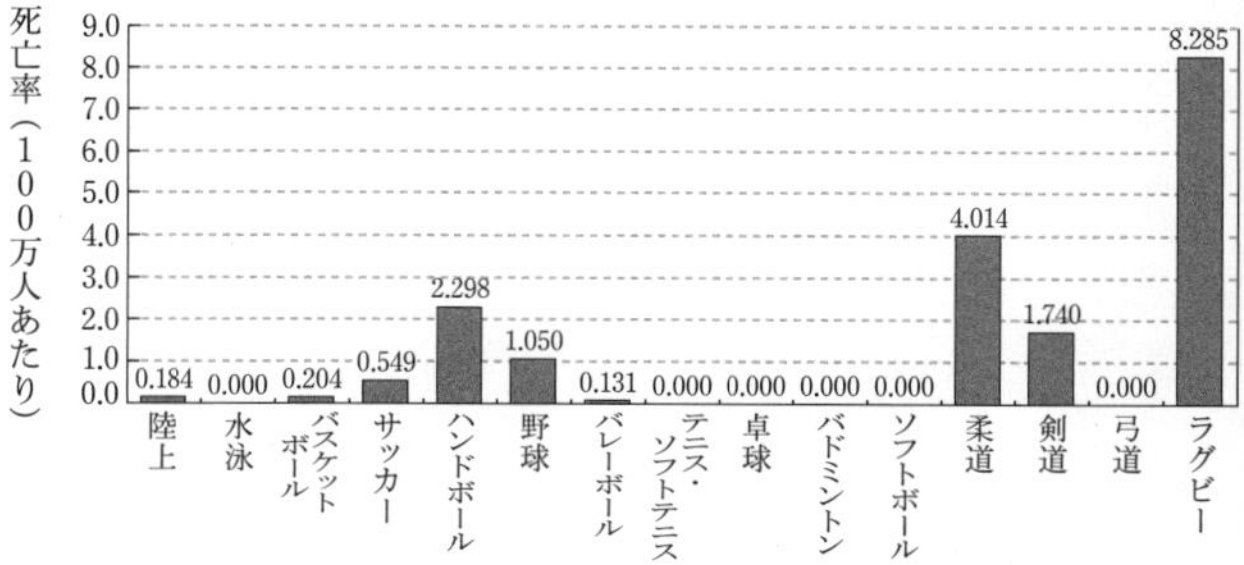

図15　運動部活動別の熱中症による死亡率［中学校・高校、1994-2013年度］

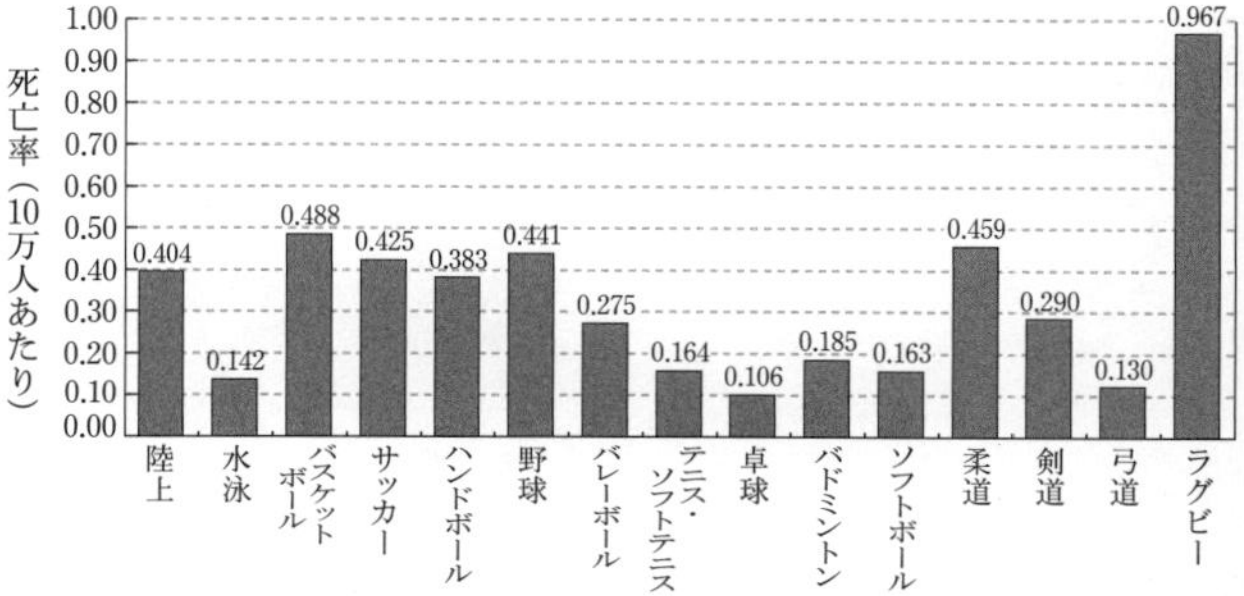

図16　運動部活動別の突然死による死亡率［中学校・高校、1994-2013年度］

第４章

部活動顧問の過重負担
——教員のＱＯＬを考える

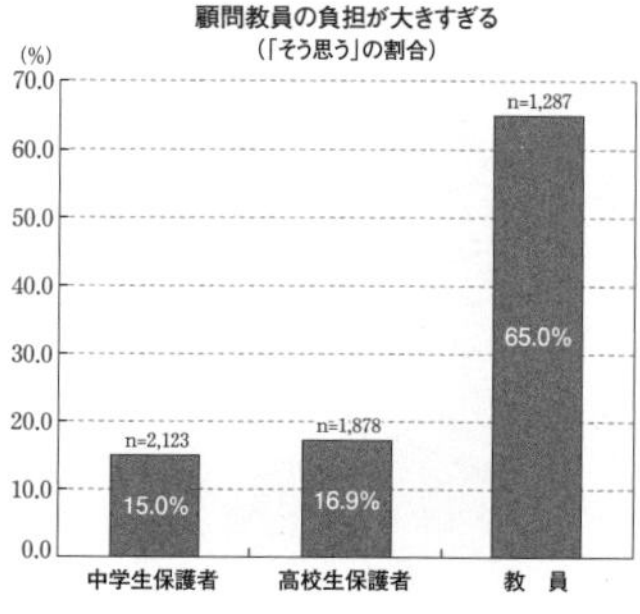

出典：神奈川県教育委員会『中学校・高等学校生徒のスポーツ活動に関する調査報告書』の統計表より作成

運動部活動における顧問の負担に関する認識のずれ
［神奈川県、2007年］

1　教員自身からの問題提起

運動部顧問の妻の声から

次の声は、25歳の既婚女性による新聞への投書である。本章の問題意識は、この声にほぼ言い尽くされている。

【学校の部活指導には専門家が必要】

私の夫は高校の教員で、軟式野球部の顧問をしています。大学時代は全く別のスポーツをしていたので、技術指導など全く不可能です。が、家でも練習したりして、少しでも生徒の期待にこたえようと努力しています。

公式戦のある時は、日曜日が連続してつぶれ、一度も休みがなかった月もありました。休日出勤の手当はわずか1500円です。生徒が事故を起こした時には責任を負わされる立場にありながら、それに見合った保障など全くないのが現実です。

もうひとつ気掛かりなのは、夫の健康問題です。家に仕事を持ち帰って、夜遅くまで机に向かっています。過労のため1年前には入院しました。「過労死」という言葉を新聞などで目にするたびに、夫のことを思わずにはいられません。

教師のボランティア精神だけをあてにしている現在のクラブ活動は、もう限界にきているのではないでしょうか。

指導は専門のインストラクターに任せて、教師の負担を軽くしてほしいと思います。

高校の軟式野球部顧問を夫にもつ妻が見た、教員の日々の労働状況である。夫のことを思う切実な声からは、学校の部活動が抱える矛盾や問題点が見えてくる。今日の部活動制度が「もう限界にきている」との訴えは、強く心に響いてくる。

投書が掲載されたのは、４月である。新しい年度が始まり、新入生を迎えたうえで、夏の大会に向けて部活動の気運が高まっていく時期である。その気運の高まりに不安でいっぱいの妻の姿が垣間見えてくる。

じつはこの投書、いまから23年前のものである。１９９２年4月20日に朝日新聞の朝刊に掲載された。23年前の投書であるけれども、いま現在の声と思いながら読んだ人も多いのではないだろうか。

投書からは、以下のような部活動の問題点が見えてくる。

○未経験での顧問担当。それゆえの自助努力。
○土日も指導のために出勤。
○土日の出勤に対する手当はごくわずか。
○事故が起きた場合の責任が問われる。
○過労による健康問題。
○家でも夜遅くまで仕事。
○教員のボランティア精神に依存した指導。
○現在の制度上の限界。
○当の競技を専門とするインストラクターの導入。

私はこの投書を目にしたとき、すべての行にマーカーで線を引きたくなってしまった。教員の立場から見たときの、部活動指導の問題点が見事なまでに凝縮されている。

そして、改めて繰り返したいのは、投書は23年前のものだということだ。教員の側の問題は、まるで手つかずのまま、今日にまで持ち越されている。

教員が抱えるリスク

部活動研究の最高到達点と評されるべき著書に、中澤篤史《なかざわあつし》氏の『運動部活動の戦後と現在』（青弓社）がある。中澤氏によると、教員集団（日本教職員組合）は自身に負担が降りかかってくるにもかかわらず、部活動を消極的ながらも維持してきたという。

詳細は同著にゆずるとして、部活動の今日的あり方が維持されてきた理由とは、国家の介入から子どもの自主性を守ろうという教員集団の強い意志があったからである。つまり、子どものスポーツ活動は、国家にゆだねるのではなく、教員の側で管理するという崇高な理念のもとに、いまの部活動が維持されてきたというのである。

部活動は、教員が自らの主導権で子どもの自主性を育てるために、いまのあり方を保持している。教員こそが子どもを「教育」する専門家なのである。

しかしながら、まさにそうした歴史的背景とそこで台頭した理念が、教員自らの首を絞めているのではないか。「善きもの」としての教育は、けっして子どもを苦しめるだけではない。その担い手である教員自身をも、追い詰めていく。

「善きもの」の眩さゆえに、リスクが見えなくなる。前章では、子どものリスクの視点から、運動部活動での暴力が教育と結びつき、それが重大事故の背景にもなっていることを指摘した。本章では、指導者である教員のリスクに着目する。

「善きもの」の強迫から逃れられないのは、生徒だけではない。教員もまた、まさに教員という立場であるがゆえに、教育という「善きもの」から逃れることができない。部活動の指導を拒否することは、教員としての職務を放棄するかのようにも見えてしまう。

教員は部活動の指導という「善きもの」の世界から身を引くことができずに、みずからの心身の健康を危機にさらしている。QOL（quality of life：クオリティ・オブ・ライフ〈生活の質〉）を損なうリスクとでも言い表せよう。しかしながら教員のリスクは、生徒のリスクに比べれば、まったくといっていいほど言及されていない。

それももっともである。教員集団自体が、部活動指導を自分たちの使命として位置づけてきた。また世間では、部活動というものは正規の教育活動である、言い換えれば、教育者として部活動指導をするのは当然の責務であると信じられている。

じつのところ制度上では、部活動というものは生徒の自主的な参加によって、そして教員の自主的な関わりによって運営されている。どこにも強制はなく、生徒であれ教員であれ、やりたい人だけが自分のペースでやっていることになっている。
だが、現実はまったくちがう。生徒も半ば強制的に部活動に参加し、教員は強制的に部活動の顧問を担わされる。何十年も放置されてきたこの現実に光を当てて、その問題点を整理しなければならない。

自分たちで首を絞めている

部活動を大きな負担に感じ、指導は回避できるものなら回避したいと考えている先生は、多くいる。だが実際には、指導に乗り気ではないものの、「部活動は教育の一環であるからには、全教員が担当すべき」と考える先生が大多数である。
とある先生が、教員どうしでの会話を、ウェブ上で紹介していた（特定を避けるために会話文を再構成した）。

教員Ａ　新婚の〇〇先生、家庭を大事にしたいからって、部活の顧問をやめたいって言ってるらしいよ。
教員Ｂ　そうですか。部活で週末がつぶれちゃうから、奥さんがかわいそうだもんね。

教員Ａ　いや、ずるいですよ。部活と家庭は両立できるし、家庭に逃げているだけだと思う。

教員Ａの言葉には、他の先生たちも同調していたという。それに対して投稿者の先生は、「唖然として、何も言い返せなかった」という。「教員が自分たちの首を、自分たちで絞めているのではないか」との主張は、的を射た分析である。

現実的にこのような会話が展開するのは、よく理解できる。どの集団であっても、皆が分担している仕事を、一人だけが負わないとなれば、その人に対する否定的なリアクションが生じるだろう。

ただ、ここで留意すべきなのは、そうしたリアクションに皆が同調している限り、個人を非難して、事は片付いてしまうということである。そこでは、部活動指導が抱えている根深い不条理が見えないままになる。自分たちの職場環境を改善する可能性がある問題提起を、結果的に阻んでしまう。まさに、「自分たちの首を、自分たちで絞めている」状況である。

そして、ここで個人が非難されている状況を、単なる同調圧力の側面からだけで読んではならない。なぜこうも多くの先生たちが、大きな負担を感じながらも部活動を続けるのか。

その回答こそが、まさに「善きものだから」である。部活動というのは、教育の一環として重要な活動である。子どもの育成にとって「善きもの」を放棄するとはいかがなものかという空気が教育の現場にはある。

「善きもの」としての教育は、運動部活動における暴力や事故の現実から目をそらせるだけではない。教員の過酷な勤務実態からも目をそらせる。いまこそ、生徒側だけでなく教員側のリスクをも直視した部活動論が必要なのである。

インターネットから声をあげた先生たち

学校の内部から先生が声をあげることは、容易ではない。内部での圧力や空気を感じて口を閉ざすこともあるだろうし、内部であるがゆえに問題という認識がもてないこともある。

だが、そのようななか、部活動のあり方について、自らの知性と勇気で声をあげ始めた先生たちがいる。

ブログ「公立中学校　部活動の顧問制度は絶対に違法だ!!」の管理者である真由子氏、同じく「部活動のあり方はおかしい!!　と真剣に訴えるためのブログ」のゆうけん氏、「部活動の顧問は拒否するべし！」の20代若手教員氏らである。

3人の先生たちは、いずれも公立中学校の教員で、ブログの文面からは若い世代に属していると察せられる。勤務に追われるなか、部活動のあり方をめぐって、ブログにくわえてツイッターでも、情報発信を積極的に進めている。

なかでもカリスマ的存在であるのが、真由子氏である。

2013年3月24日、「はじめまして　教員5年目、真由子（仮名）といいます。もろもろの事情あり、公立中学校における部活動制度がおかしいと感じています。部活動の定義、また顧問の在り方について書いていきます。よろしくおねがいします」と第一声を発して以来、氏は今日まで、公立中学校の教員であることを明かしたうえで、現場の実情を発信し続けている。

真由子氏の主張は、マスコミや個人ブログでたびたび取り上げられ、公立中学校のインサイダーからの問題提起は、多大なインパクトをもって人びとに受けとめられている。毎日新聞は社説で、真由子氏の活動をとりあげた。

2015年3月10日には、衆議院の予算委員会第四分科会にて井出庸生《いでようせい》議員（維新の党）が、真由子氏のブログを資料として用いながら、下村博文《しもむらはくぶん》文部科学大臣に、教員の部活動負担の改善に関する質問を提示した。一人の教員の訴えはいま、国政の場に届き始めている。

ブログのタイトルにもあるように、氏は、部活動指導に関連する「制度」に問題があるとみている。その制度とは、勤務上は「部活動の顧問＝ボランティア」であるにもかかわらず、強制的に顧問の担当が強要される制度である。真由子氏を追随して立ち上がったゆうけん氏や20代若手教員氏らのブログもこの根本的な問題意識を共有している。

部活動指導はボランティア

先述の、新婚の先生が家庭を大事にするという理由で部活動顧問を拒否しようとした事案がそうであったように、「ずるい」「家庭に逃げているだけ」というリアクションからは、問題を改善するための核心には迫れない。

真由子氏をはじめ多くの先生たちが声をあげているように、「部活動の顧問＝ボランティア」であり、それにもかかわらず正規のカリキュラムであるかのように、教員たちに顧問の担当が強制されているところに問題の核心がある。

教職課程用のとあるテキストブックには、部活動は次のように紹介されている。

学校教育のなかで最もその位置づけが曖昧なのが「部活動」である。部活動は（略）公式（＊）があてはまらない例のひとつである。すなわち、公式に従えば部活動は特別活動に含まれるはずだが、実際にはそうではない。部活動は正規の教育課程のどこにも属さない。はっきりいえば、教育課程に存在しない活動である。

（＊）公式：特別活動＝学校での教育活動－教科－道徳－総合的な学習の時間（伊東毅《いとうたけし》、２０１１、『未来の教師におくる特別活動論』武蔵野美術大学出版局）

部活動は現実には、生徒や教員の学校生活において、きわめて重要なウェイトを占めている。しかし、じつのところ正規の教育課程（カリキュラム）の範囲には入っていない。なるほど、文部科学省が定める中学校の学習指導要領には、部活動は「生徒の自主的、自発的な参加により行われる」（中学校学習指導要領、第１章総則）と記されている。部活動は、生徒たちが勝手にやっているにすぎないのであり、教員はその活動を善意で管理しているだけである。「部活動の顧問＝ボランティア」という主張は、その制度的位置づけを端的に表現したものといえる。

しかも教員は、全員で顧問を担当するのが通例のようである。図17からわかるように、文部科学省が全国すべての公立小中学校を対象に実施した「教員勤務実態調査」によると２０

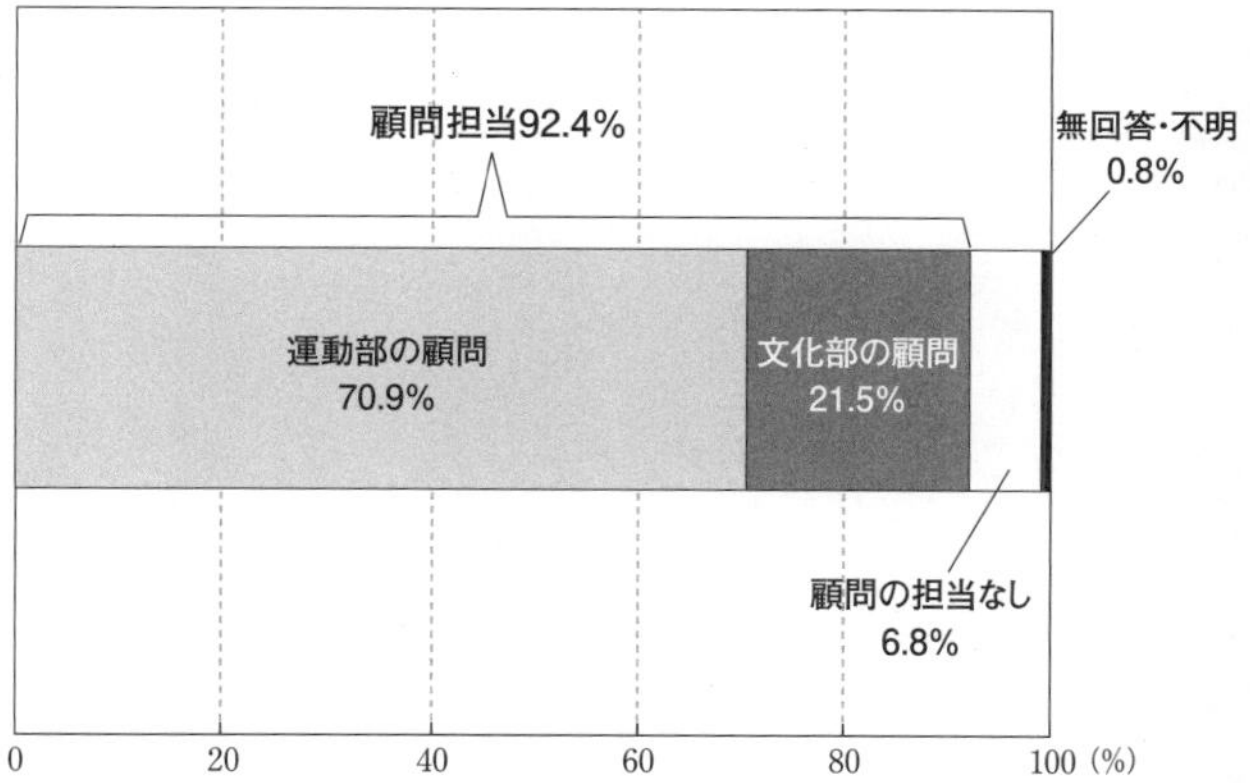

出典：文部科学省『教員勤務実態調査（小・中学校）』の統計表より作成

図17　中学校教員が部活動の顧問を担当する割合

０６年の時点で、中学校教員（校長・教頭は除く）のほとんど全員にあたる92・４％の教員が、部活動の顧問を担当している（ここには養護教諭、栄養教諭、常勤講師も含まれている）。

学校の教員は、正課外の部活動に多くの時間を割かれ、大きな負担を感じている。あたかも正規の授業と同じように、部活動もまた教員の当然の職務とみなされ、教員全員が顧問を担当する。これのいったいどこが「ボランティア」というのだろうか。

顧問担当が強制されているという現実からは、立派に正規の職務内容に見えてくるのだが、制度上はそのような取り扱いにはない。まったくもって、不可思議な運営のあり方である。部活動は制度と現実の間のグレーゾーンのなかで、日々運営されているのである。

2　部活動というグレーゾーン

学習指導要領における部活動の位置づけ（1）――小学校

さて、ここで基礎知識としてごく簡単に、部活動が学校教育のなかでどのような位置づけをもってきたのかについて、確認しておこう。

表4を見てほしい。ここに、学習指導要領において部活動がどう扱われてきたのかを時系列に整理した。部活動にくわえて、ときおり部活動と混同される「クラブ活動」の位置づけも示した。

部活動は、小中高を問わず、そもそも「教育課程外」の活動である。

小学校では、一部の学校や地域において、部活動が設置されている。これは「特設クラブ活動」とよばれることもある。他方で、特設ではない、常設の「クラブ活動」というものがある。これは小学校の教育において常設されている、すなわち必修とされているものである。

1998年改訂の学習指導要領以降、時間数の規定は見当たらないものの、かつては週1回

学習指導要領の改訂年／実施年度		1968／1971	1977／1980	1989／1992	1998／2002	2008／2011
小学校	教育課程	クラブ活動［必修、週1回］	クラブ活動［必修、適切な時間数］	クラブ活動［必修、適切な時間数］	クラブ活動［必修］	クラブ活動［必修］
	教育課程外	部活動（特設クラブ活動）	部活動（特設クラブ活動）	部活動（特設クラブ活動）	部活動（特設クラブ活動）	部活動（特設クラブ活動）

学習指導要領の改訂年／実施年度	中学校	1969／1972	1977／1981	1989／1993	1998／2002	2008／2012
	高校	1970／1973	1978／1982	1989／1994	1999／2003	2009／2013
中学校・高校	教育課程	クラブ活動［必修、適切な時間数］	クラブ活動［必修、適切な時間数］	クラブ活動［必修、適切な時間数］	—	—
	教育課程外	部活動	部活動	↑代替 部活動	部活動	部活動［教育課程との関連づけ］

出典：関喜比古氏の論考（関喜比古、2009、「問われている部活動の在り方—新学習指導要領における部活動の位置付け」『立法と調査』No. 294: 51-59.）に示された図を参考にして、そこに情報を追加するかたちで作成

表４　学習指導要領における部活動とクラブ活動の位置づけ

というかたちで時間割のなかに組み込まれていた。

この教育課程に正規に位置づけられている「クラブ活動」とは異なるという意味で、ときに「特設クラブ活動」とよばれる「部活動」があり、これは放課後に、まったくボランタリーに運営されていることになっている。

小学校の部活動の実態は、ほとんど明らかにされていない。中学校に比べると、規模（参加生徒数）も活動頻度も限られている。一部の児童と、一部の教員によって運営されている。ただし、なかにはかなり活動が加熱していて、中学校の部活動顔負けのところもあると聞く。

学習指導要領における部活動の位置づけ（2）——中学校・高校

次に、中学校と高校を見てみよう。

まず図18に目を転じてほしい。これは、文部科学省（旧文部省）が実施した各種調査をもとにした、中学校ならびに高校における運動部活動の加入率の推移である。2001年まではあるものの、おおむね運動部活動の加入率は上昇してきたとみてよい。

なお、2001年以降については、日本中学校体育連盟、全国高等学校体育連盟、日本高等学校野球連盟の調査が利用できるので、その数字を見てみると、2000年代に入って今日までは、ほとんど同水準で推移している。総じて、1970年代から1990年代まで運動部活動は大衆化の一途をたどり、2000年代に入ってからはその水準を維持しているとみることができる。

さて、再び表4（175ページ）に戻って、学習指導要領における位置づけを振り返ってみよう。基本的には小学校と同様に、クラブ活動＝教育課程、部活動＝教育課程外である。だが、1989年の学習指導要領改訂以降、やや特異なことが生じている。

1989年の改訂では、クラブ活動は正規の教育課程として存在はしていたものの、「部活動に参加する生徒については、当該部活動への参加によりクラブ活動を履修した場合と同

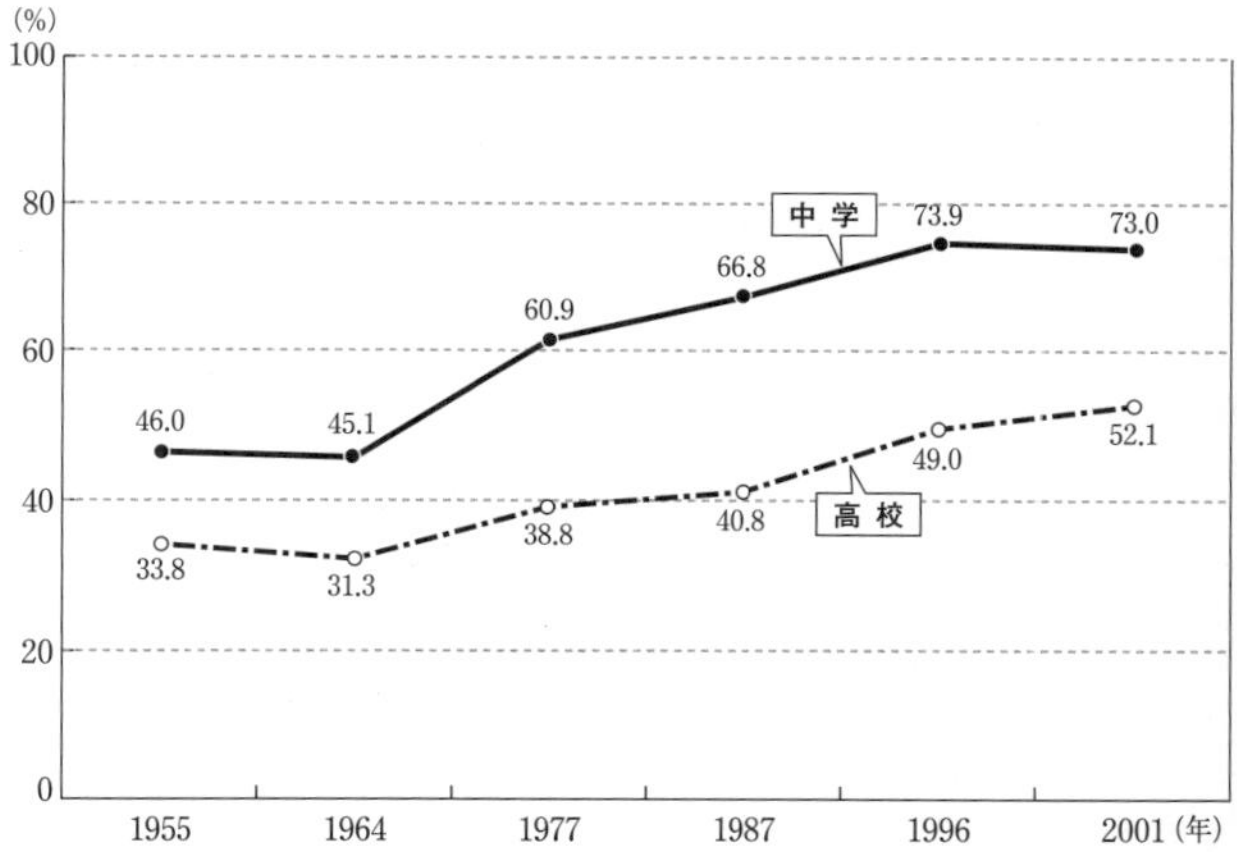

出典：中澤篤史『運動部活動の戦後と現在』（青弓社）p. 96より転載

図18　中学校・高校における運動部活動の加入率の推移

様の成果があると認められるときは、部活動への参加をもってクラブ活動の一部又は全部の履修に替えることができる」とされた。いわゆる「部活動代替措置」である。

その背景には、１９９２年から月１回のかたちで始まった学校週五日制（完全実施は２００２年）にともなう授業時間数の削減がある。正規の教育課程であるクラブ活動が、教育課程外の部活動によって代替されるという奇妙なかたちをとるなかで、学校教育における部活動の重要性はいっそう増していったのである。

中澤篤史氏は『運動部活動の戦後と現在』のなかで、この経緯を、教員の負担と関連づけて次のように論じている。

多くの学校は、部活代替措置を用いて必修クラブ活動を時間割上からなくし、かわりに生徒の部活動加入を義務づけた。（略）部活代替措置の下では事実上部活動はカリキュラム内に組み込まれ、それを根拠にしながら顧問教師の配置や部の維持が図られてきた。運動部活動への従事が半ば教育課程内の公務と見なされ、教師の負担はさらに増大したわけである。

（中澤篤史、2014、『運動部活動の戦後と現在――なぜスポーツは学校教育に結びつけられるのか』青弓社、P120〜121）

1970年代から部活動の大衆化が進むなかで、1989年の学習指導要領改訂にともなう「部活動代替措置」は、教育課程外であるはずの部活動の性格を、あたかも教育課程内のものであるかのようにした。部活動の顧問を担当するのは当たり前という風潮はこうして出来上がっていったのである。

続く1990年代後半の学習指導要領の改訂（中学校：1998年、高校：1999年）では、クラブ活動は学習指導要領から記載がなくなる。生徒が自主的に活動を選んで、教科外のスポーツや芸術を楽しむという形態は、こうして部活動一本に絞られたのである。ただしこの形態はまもなくして、問題視される。なぜなら、もはやクラブ活動の代替措置でもない部活動が、学校教育のなかで生徒にとっても教員にとっても重要な位置を占めているからである。

部活動の「実質的公務化宣言」

そこで、もっとも新しい現行の学習指導要領においては、中学校と高校のいずれにおいても、その総則で、部活動と教育課程との関係性が次のように明記された。

生徒の自主的、自発的な参加により行われる部活動については、スポーツや文化及び科学等に親しませ、学習意欲の向上や責任感、連帯感の涵養《かんよう》等に資するものであり、学校教育の一環として、教育課程との関連が図られるよう留意すること。

部活動は教育課程外の活動であるものの、生徒の自主性を育てる重要なものであるから、それを正規の教育課程と関連づけるよう心がけなさいという趣旨である。はたして関連づけるとはいったいどういうことなのか、どうすれば関連づけられるのか。そして生徒の自主性に応じる教員の立場はどのように保証されるのか。そういった問題には目をつぶったままの、部活動の公務化宣言である。

この点については、参議院文教科学委員会調査室の関喜比古《せきよしひこ》氏は、厳しい批判を投げかけている。

学習指導要領に部活動と教育課程との関連が明記されたのは、初めてのことであるが、率直に言って、これは法的・制度的な問題点を解決しないままでの部活動の強化策（いわば学校と地域社会への丸投げ）であり、文科省の姿勢には若干疑問なしとしない。このように、学習指導要領上のブレを始めとして、部活動に対する軸足が定まらないことは、学校現場に諸々の問題を引き起こしている。（略）今回、中学と高校の学習指導要領で部活動を教育課程の枠内に位置付けた趣旨を認めるにやぶさかではないものの、予算面・定員面での〝受皿〟が整わない以上、とどのつまり、部活動を「生徒の自主的活動」という原点に戻して対応していくことが、顧問教師の長時間労働などの諸課題に取り組むための重要なポイントではないかと考える。

（関喜比古、２００９、「問われている部活動の在り方——新学習指導要領における部活動の位置付け」『立法と調査』№２９４：Ｐ51〜59）

「法的・制度的な問題点を解決しないままでの部活動の強化策」という指摘は、じつに的確である。そもそも部活動が制度と現実の間にあるグレーゾーンに置かれていて、そこに予算や人員の手当てがないままに、部活動の公務化が宣言されたとしても、矛盾が膨らむばかりである。

正規の教育課程に位置づけてしまったら、教員の長時間労働を加速させるばかりである。そうではなく、「『生徒の自主的活動』という原点」から、それを法制度のなかでどう位置づけ、教員あるいは他の人員をどう配置するのかが検討されねばならないのである。

３　部活動指導のブラックな実態

日本の教員の労働時間

さて、教員の部活動負担をめぐる問題は、さまざまなエビデンスを用いて検証することができる。

２０１４年６月に、海外から衝撃的なニュースが入ってきた。経済協力開発機構（ＯＥＣＤ）が世界34の国と地域を対象におこなった「国際教員指導環境調査」（ＴＡＬＩＳ２０１３）によると、日本の教員の勤務時間がもっとも長かったというのだ。

調査は、中学校教員を対象としたものである。図19にあるとおり、その一週間あたりの勤務時間数は、日本の場合53・9時間で、これは参加国・地域の平均38・3時間を大幅に上回って、参加国・地域のなかで最長である（アメリカは回答率が基準に達しなかったため平均値等の算出からは除外されている）。

さらに、勤務時間のうち授業に費やした時間を見てみると、日本は17・7時間で、これは参加国・地域平均の19・3時間を下回っている。34の国・地域のなかで上から数えて26番目である。つまり、日本の中学校教員は、勤務時間は長いが、それは本務であるはずの授業に費やされているわけではないということである。

それでは、いったい何に時間が使われているのか。他国・地域と比べたときに極端に大きい値をとっているのが、課外活動の時間である。参加国・地域の平均が２・１時間であるのに対して、日本はもっとも長く、７・７時間と突出している。

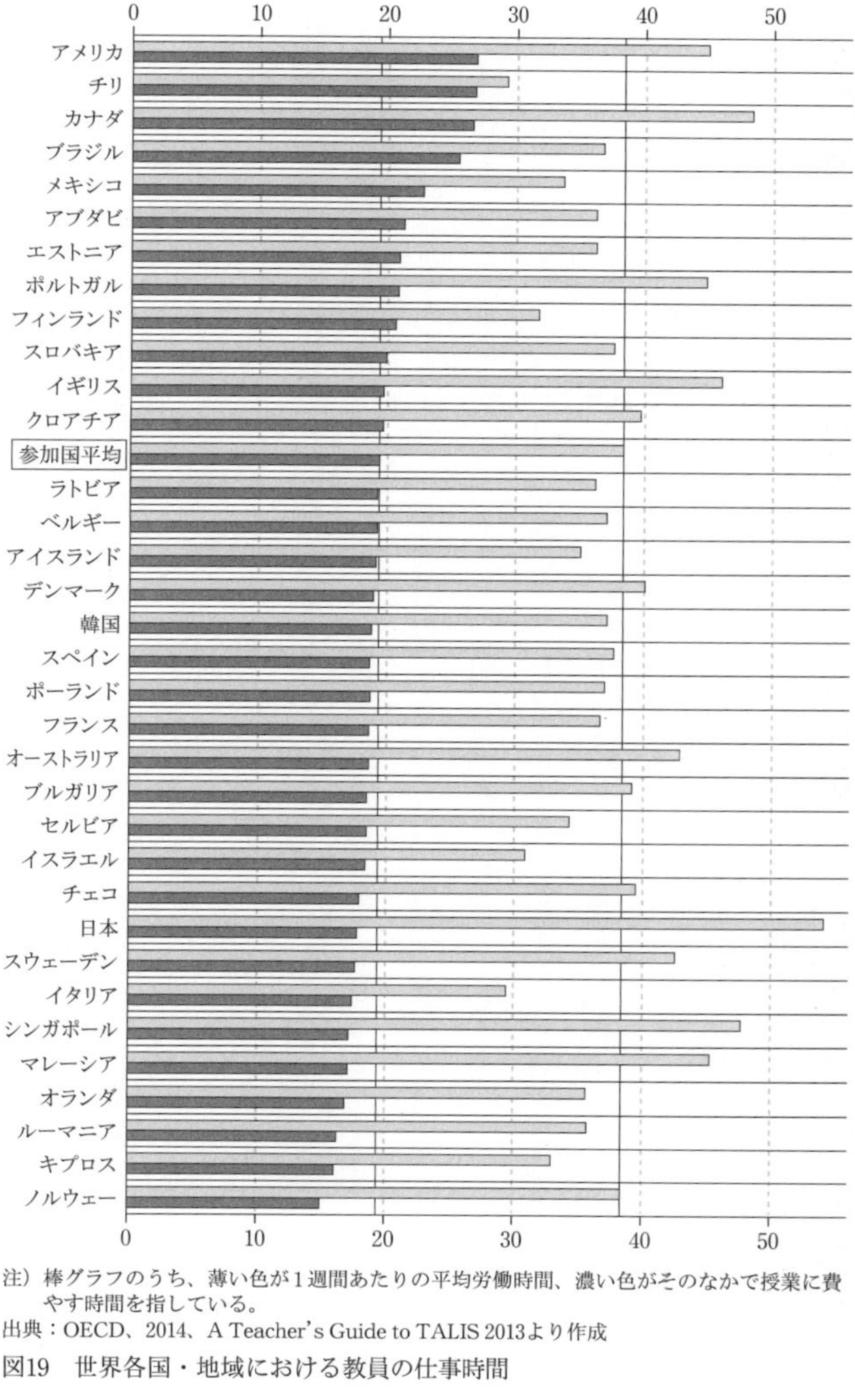

注）棒グラフのうち、薄い色が１週間あたりの平均労働時間、濃い色がそのなかで授業に費やす時間を指している。

出典：OECD、2014、A Teacher's Guide to TALIS 2013より作成

図19　世界各国・地域における教員の仕事時間

ところで、ローカルな調査研究で調査対象者数も限られているものの、上記の傾向を追認するエビデンスがある。栃木県教育委員会が２０１１年度に県内小中高の教員に対して実施した「教員の多忙感に関するアンケート」（抽出調査）によると、まず教員のうちほとんどすべてにあたる95・０％が「忙しい」と感じている。

そして、「忙しい」と感じている教員に対して、個別指導、会議、学校行事、教材研究、保護者対応、部活動指導など22項目のうちどれが主な原因か（複数選択可）を尋ねたところ、図20にあるとおり中学校教員のうち66・７％が「部活動指導」を選んだ。22項目のなかでも突出した最高値を示している。「部活動指導」について、高校の教員が27・３％であることと比較しても、その多忙感の大きさがわかる。

栃木県の調査では、２００８年度にも２０１１年度と同じ学校で調査が実施されている。そのときの調査結果を参照してみると、中学校では２００８年度調査においても、多忙感の主要因として「部活動指導」がもっとも高い値を示している。

しかも、中学校では２００８年度の時点でただでさえ大きかった「部活動指導」の負担感が、２０１１年度にはさらに増大した。ローカルでかつ調査対象者も限られたなかでの知見ではあるものの、中学校教員はかなり厳しい状況に置かれているのではないかと、危惧される。先に紹介した、真由子氏をはじめとする３名の先生方がいずれも中学校教員であるというのは、まったくの偶然ではないように思えてくる。

なお、高校では逆の傾向がみられる。２００８年度の42・４％から、２０１１年度の27・３％へと、「部活動指導」に限っては、事態が改善している。

さて、ＯＥＣＤの調査に話を戻そう。

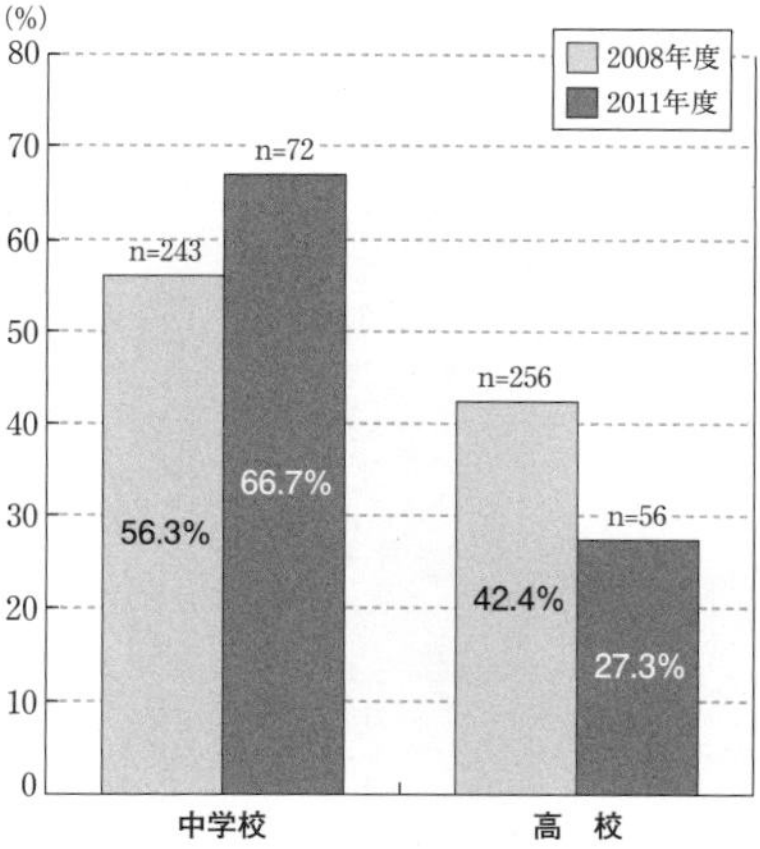

出典：栃木県教育委員会『教員の多忙感に関するアンケート調査（検証）報告書』の統計表より作成

図20　多忙の原因に「部活動」をあげた教員の割合［栃木県、2008・2011年度］

あまり報道では触れられなかったこととして、職務満足度についても、日本の教員は特徴的な傾向を示している。もっとも悲劇的ともいえる結果は、「もう一度仕事を選ぶことができるとするならば、再び教職を選ぶか」という質問について、「強くそう思う」と「そう思う」と肯定的に答えた者の割合は、参加国・地域のうち下から数えて２番目である。参加国・地域の平均が77・６％であるのに対して、日本は58・1％である。その他、職務満足度に関連する質問項目についても、総じて日本の値は低い。

ただし、職務満足度について世界のなかで日本は否定的な回答が目立つとしても、見方を変えれば、たとえば先の「再び教職を選ぶか」で58・1％もの教員がYESと答えていることは、よい意味でとらえてもよいのかもしれない。信州大学の林寛平《はやしかんぺい》氏がBLOGOSの記事で指摘しているように、教員の国際比較ではなく、日本における他職種との比較をおこなう必要はあるだろう（「教員は『忙しい』なんて言ってない――国際教員指導環境調査（TALIS）をどう読むか」〔2014年6月30日公開〕）。

土日の部活動は日額3000円

日本の教員は、教育課程外の部活動指導に多くの時間をとられ、そこに大きな負担を感じている。しかも中学校ではその傾向が強くなっているのではないかと考えられる。

その負担感をさらに増大させているのが、最低賃金を下回る労働条件である。

土日の部活動指導の場合、4時間以上の勤務で、手当の日額は3000円だ。この額は2014年10月からのもので、それ以前は2400円であった。また実際のところ、手当の額は自治体によって多少の相異がある。

４時間以内であればゼロ円であるし、大会や練習試合で終日つぶそうものなら、最低賃金を大幅に下回ることになる。ボランティアという名目で、強制的に顧問を割り当てられ、そのうえ、休日出勤の上乗せがあるどころか、時給数百円の労働である。身体だけでなく、心をも病んでしまいそうな金額である。

しかも、土日出勤は、けっして珍しいことではない。それどころか、実態は悪化しているとさえ推察される。

図21（１８８ページ）、図22（１８９ページ）は、ローカルな調査ではあるものの、中学校の運動部活動における活動日数の変化をみてとることができる。神奈川県教育委員会が県内中学校、高等学校に在籍する生徒とその保護者、神奈川県内中学校、高等学校に在職する教員などを対象に実施したもので、結果は「中学校・高等学校生徒のスポーツ活動に関する調査報告書」にまとめられている。

この調査も、栃木県の調査と同様に、過去の結果との比較が可能であるため、利用価値が高い。

教員（中高の区別なし）の回答を見ると、１９９８年から２０１３年度の間に、週６日以

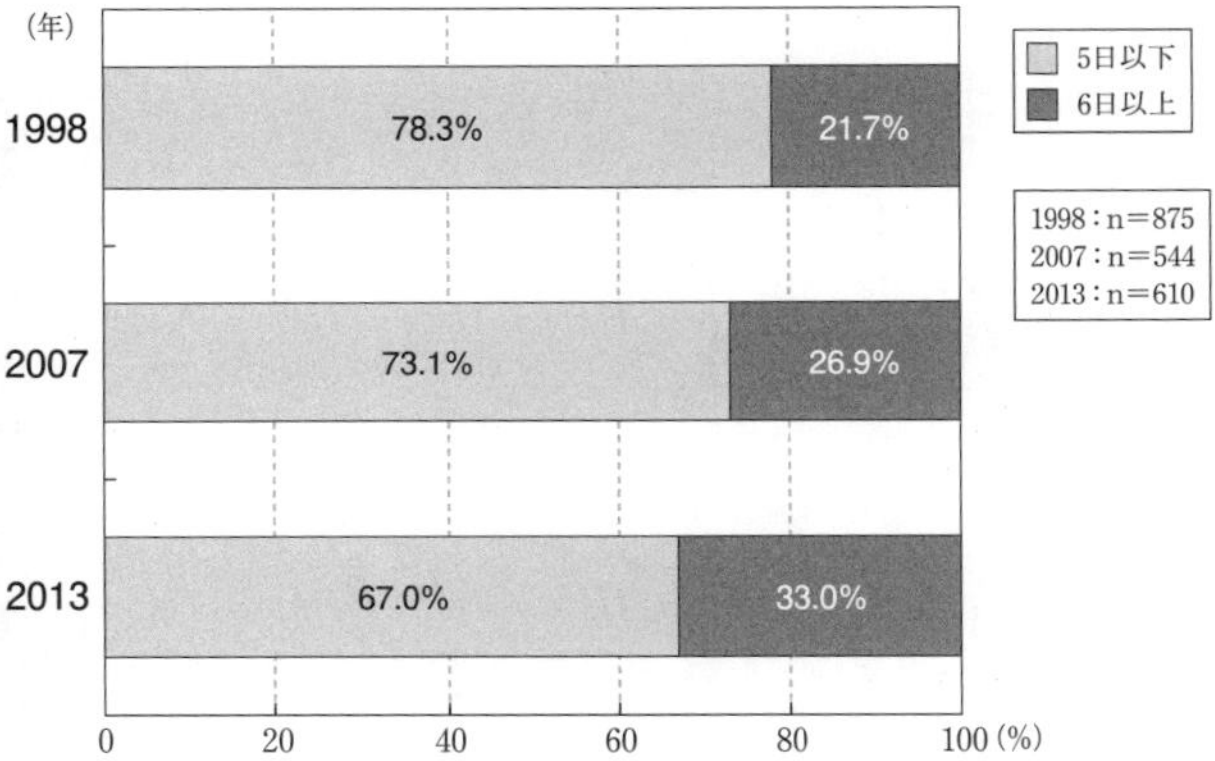

出典：神奈川県教育委員会『中学校・高等学校生徒のスポーツ活動に関する調査報告書』の統計表より作成

図21　教員における１週間あたりの運動部活動指導日数［神奈川県、1998・2007・2013年度］

上の指導日が11・３%増えている。平日にくわえて週末も指導を入れる傾向が強化されているということである。

なお、参考までに生徒のデータを見てみると、中学生では、教員と同じように、週６日以上の活動日が増加している。高校生は、ほとんど変化なしで、４分の３程度の生徒が週６日以上、運動部活動をおこなっている。

つまり、運動部活動の活動実態は縮小しているどころか、むしろ活性化している。運動部活動顧問の７割が６日以上も部活動を指導しているとは、なんと過酷な状況であろうか。

なお唯一救いなのは、１９９８年度から２００７年度の10年間で、高校生の場合には、６日以上の割合が減少している点である。た

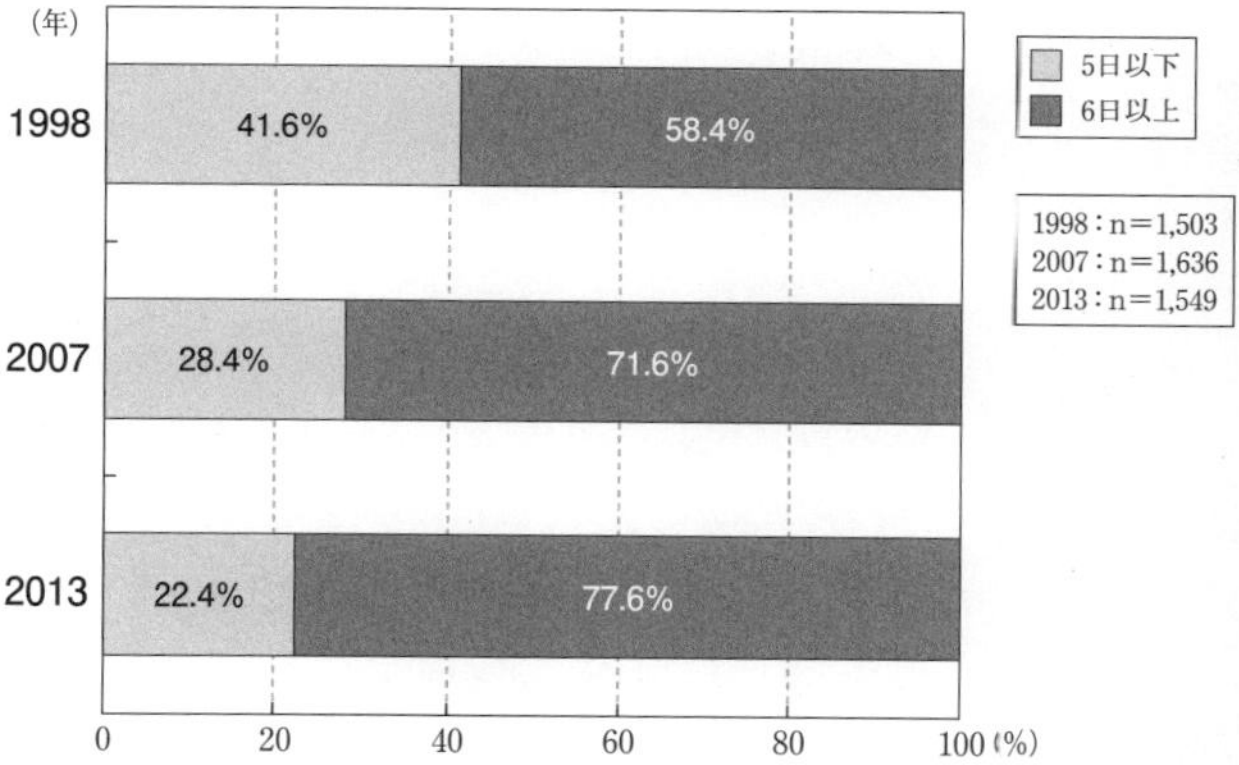

出典：神奈川県教育委員会『中学校・高等学校生徒のスポーツ活動に関する調査報告書』の統計表より作成

図22　中学生における１週間あたりの運動部活動日数［神奈川県、1998・2007・2013年度］

だし、そもそも6日以上が6割を超えている点は、根本的に改善されるべき問題である。

今日の部活動には、中学校においてはとりわけ「ゆとり」が求められる。「ゆとり教育」という発想が実現しえたのであれば、「ゆとり部活動」もまた構想されてしかるべきであろう。教員の部活動負担にゆとりを与える。そのために何ができるかが模索されなければならない。

未経験でも顧問

ここまでブラックな状況下においても、当の競技種目（あるいは芸術活動）が大好きで、後進の指導にやりがいを感じるなら、それでまだよいかもしれない。

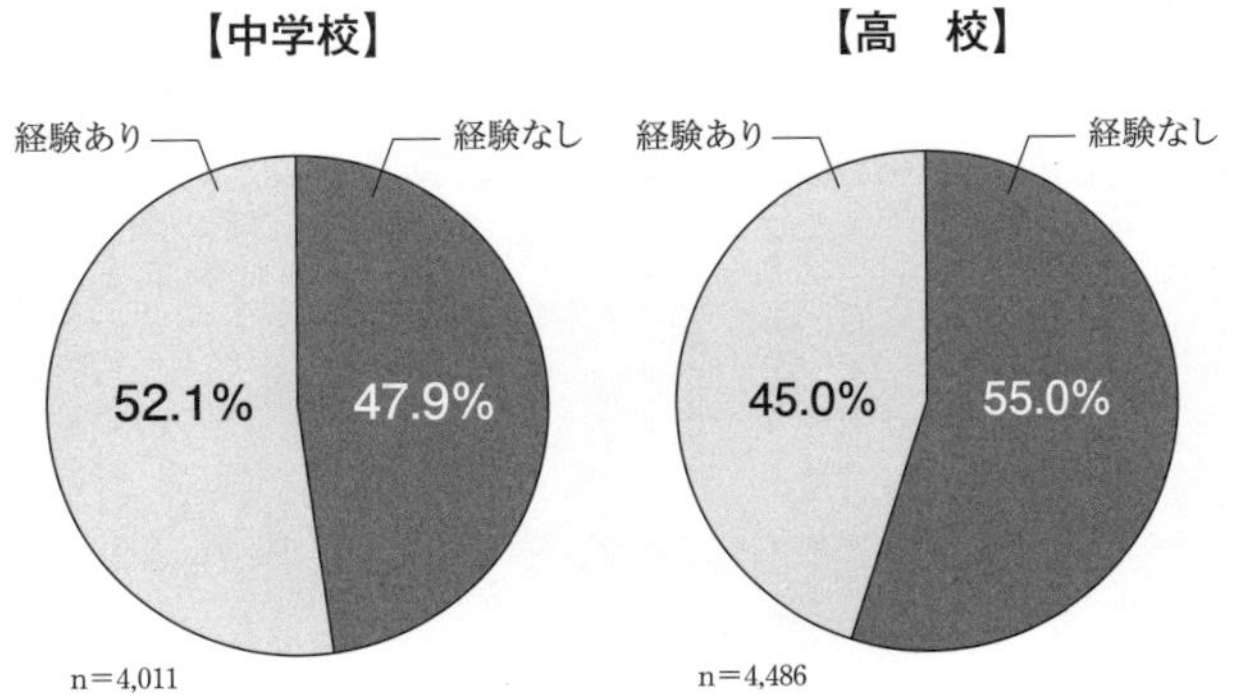

出典：公益財団法人日本体育協会『学校運動部活動指導者の実態に関する調査報告書』より作成

図23　担当部活動における競技経験の有無

しかし、２０１４年実施の日本体育協会の調査（「学校運動部活動指導者の実態に関する調査報告書」）によると、図23にあるとおり、教員の半数近くが、「現在担当している部活動の競技経験なし」である。その競技にまったく縁のない、いわばド素人なのである。ド素人が、微々たる手当のみで、土日であろうとプライベートを放棄して、本職（授業）ではない活動に強制的に従事させられているのである。負担感や疲労感が大きくなるのも当然である。

ある教員は、異動した学校で言い渡されたのは、新体操部の顧問（主顧問）だったという。もちろん、本人はまったくの未経験だ。それでいて、すでに経験のある生徒たちを、連日にわたって低賃金で「指導」することの心的・身体的な負担は大きいものがある。

また、別の教員は、体育以外では経験がないバスケットボール部を担当することになったため、数万円かけてＤＶＤや本を自費で購入し、さらには他校の教員のもとに出向いて、指導方法を教えてもらったという。それでなんとか、子どもたちは前向きに部活動に取り組むようになった。

だが彼は、「同じだけの労力を、教員として最優先でやるべき教材研究にまわすことができれば、どれだけ子どもも自分も幸せなことか」と述べる。まったく縁もなく、納得できる理由もない部活動に時間を割かれるのは、教職という立場において大きな負担感をもたらしている。

未経験であることがとりわけ深刻な状況をもたらすのは、異動があったときである。前任者がその競技を得意とし、指導経験も豊富であった場合、その後を未経験の教員が引き継ぐというのは、後任者にとってあまりに厳しい。

顧問は異動で替わることがあったとしても、生徒はそのほとんどが3年間、同じ学校、同じ部活動に所属する。４月になってまったくのド素人の顧問が、指導にあたるというのは、在校生にとっても教員にとっても、けっして好ましい状況ではない。

先生も生徒も、本音は「休みたい」

ここまでグレーゾーンでのブラックな勤務状況であるにもかかわらず、部活動は土日も続けられる。ここで1つだけ、エビデンスを示したい。

「土日にまで、なんで部活動やるの?」と先生に尋ねると、「生徒がやりたがるから……」という答えが返ってくる。他方で、生徒に同じことを尋ねると、「先生が、やるぞと言うから」だという。なんだか、不思議なことが起きている。

部活動ありきの世界では、教員と生徒がお互いに、あるいは教員の間や生徒の間でもお互いに、「みんなやりたいと思っている」と勘違いしているだけなのではないだろうか。

興味深いデータがある。先の神奈川県の調査からは、運動部活動の日数の「理想」と「現実」が見えてくる。

調査では、教員と生徒それぞれに対して、一週間における実際の活動日数(現実)と、適当であると思う活動日数(理想)が質問された。最新の2013年調査では、教員の中高別の値が不明であるため、2007年調査で中高別の結果を見てみると、図24の通りである。

図からは、第一に、教員も生徒も回答傾向が酷似しているという点、第二に、活動日数の「理想」は5日以下だが、「現実」は6日以上であるという点が読み取れる。

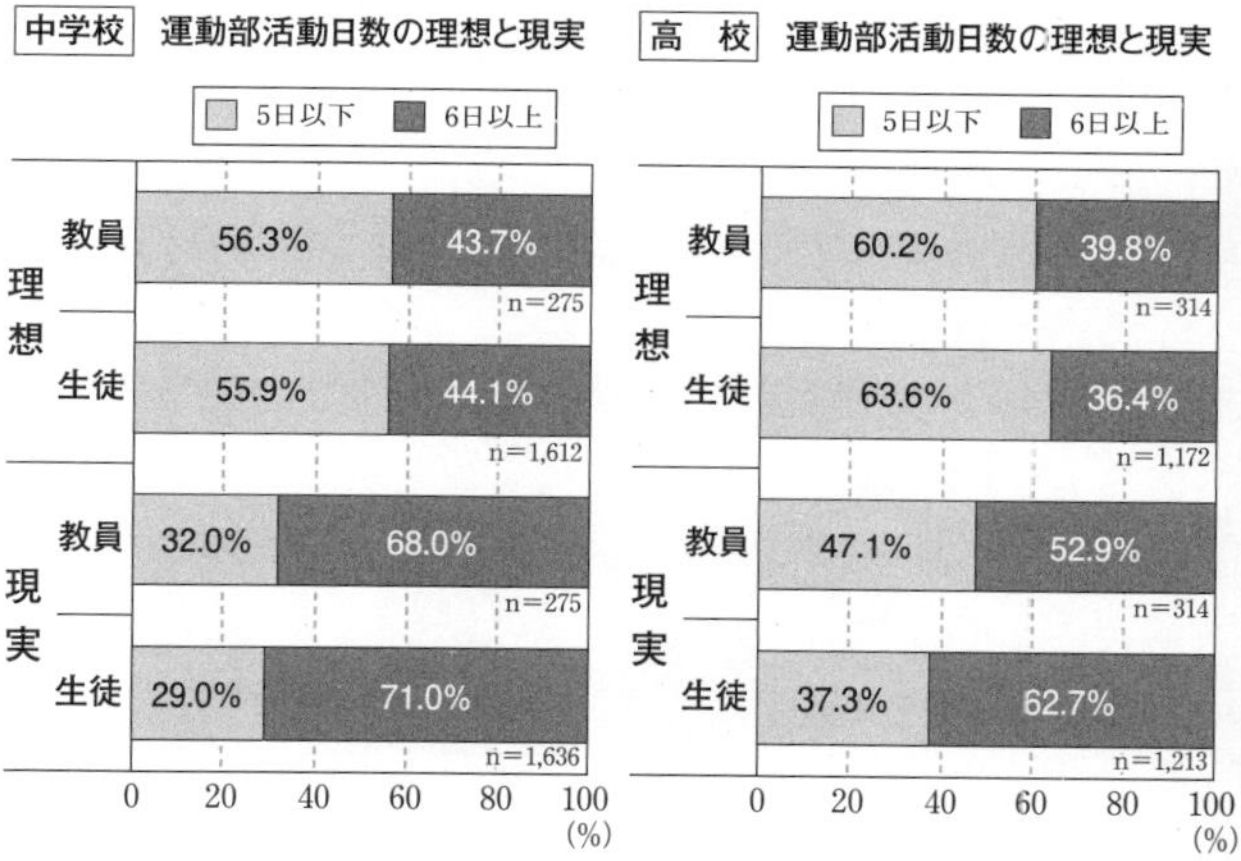

出典：神奈川県教育委員会『中学校・高等学校生徒のスポーツ活動に関する調査報告書』の統計表より作成

図24　運動部活動日数の理想と現実［神奈川県、2007年］

じつのところ、先生も生徒も思いは同じ――「部活動は、やりすぎだ」と感じている。中学校と高校いずれの場合においても、先生と生徒の両者ともに一週間の活動日数は、「理想」では過半数が「5日以下」と答えているが、「現実」には「6日以上」の実施が多数派である。ここでもまた、とくに中学校において、その傾向が強い。

スポーツにおいては、負荷と回復、オンとオフの使い分けが重要であることは、よく知られている。生徒の「休みなき部活動」は、「みんなやりたいと思っている」との勘違いのまま、進行し続けている可能性がある。そしてこれは、生徒にとってだけでなく、先生にとっても好ましいことで

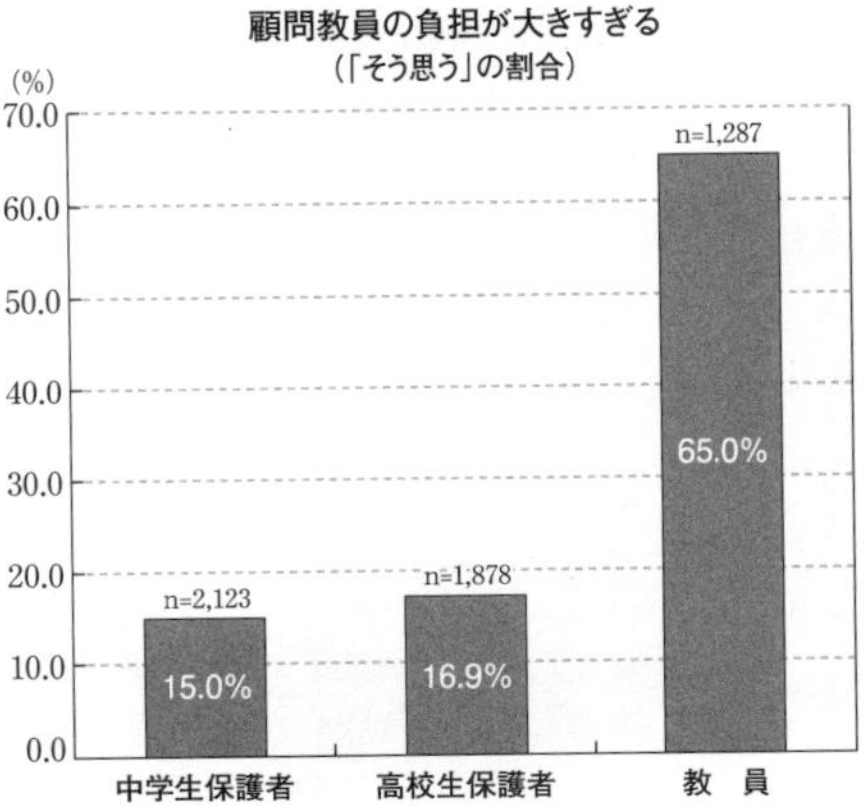

出典：神奈川県教育委員会『中学校・高等学校生徒のスポーツ活動に関する調査報告書』の統計表より作成

図25　運動部活動における顧問の負担に関する認識のずれ［神奈川県、2007年］

はない。

ところで、教員の過剰な負担を、生徒の保護者はどう見ているのだろうか。

神奈川県の調査を引き続き詳細に読み進めてみると、運動部活動指導のあり方について、教員と保護者に同一の質問がされている。その質問のなかで、教員と保護者の間の大きなズレとして目立つのが、「顧問教員の負担が大きすぎる」かについての認識である（図25）。「そう思う／ややそう思う／あまりそう思わない／そう思わない」の選択肢で、教員の回答は「そう思う」だけでも、65・0％に達する。他方で、保護者のほうは、中学生保護者が15・0％、高校生保護者が16・9％である。教員とのギャップの大きさに驚かされる。

保護者が思っているよりはるかに、教員は運動部活動指導を大きな負担と感じている。言い方を換えれば、教員の負担感は、保護者には、まったく伝わっていないのである。

「外部指導者＝善きもの」という前提

部活動顧問のブラックな勤務実態については、思いのほか認知度が低い。とはいえ、今日少しずつではあるがそれを改善しようという動きが起きている。

その代表例が「外部指導者」の導入である。大阪市は２０１５年度から一部の市立中学校の部活動を、平日も含めて全面的に外部に委託する予定である。これはじつに画期的な方針である。部活動を根こそぎ外注することで、教員の大幅な負担減が見込まれる。

大阪市は外部指導者を本格導入するという点で大きく報道されたが、これまでも多くの自治体で外部指導者を活用する試みがおこなわれてきた。それらの試みの最大の目的もまた、教員の負担軽減である。

ただし、教員の負担軽減はとても重要なことであるが、それだけで外部委託を議論するのは早計である。部活動は生徒指導の一手段として、重要なはたらきをもっていると考えられている。また、すべての子どもに放課後の活動の機会を均等に与えているという機能もある。学校はそれらのメリットを手放すことになる。

それらの議論は別稿にゆずるとして、ここで1つ考えたいのは、外部指導者そのものの存在意義である。教員の負担軽減を目的とする外部指導者の導入に関しては、どういうわけか「外部指導者＝善きもの」という前提が共有されている。外部指導者は、教員の負担を緩和してくれるうえに、当該活動の専門性も高い。予算と人材があれば、一刻も早く学校にやってきてほしいという総意がある。

しかしながら、運動部のことを考えた場合、そもそも外部指導者というのは、スポーツの指導にそれほど長けているのだろうか。スポーツ科学の知識にもとづき、生徒たちが安全に安心してスポーツに取り組める環境をつくりだせるものなのだろうか。前章で見た、部活動中の暴力や事故の問題、それらの予防に善処できるものなのだろうか。

外部指導者がスポーツ指導において、学校現場の教員よりも経験豊かであることはある程度保証されるかもしれない。しかしながら、経験豊かであることと、スポーツ科学の知識が豊かであることとは、必ずしも一致しない。それどころか、経験が豊かであるほど、非科学的で精神論的スポーツ活動を展開する可能性がある。

一般には、ド素人よりは経験豊かな人物に仕事を任せるほうが何かとうまくいく。しかし、スポーツ指導においては、その公式が成り立たない可能性が大いにある。

武道必修化における議論の誤り

思い起こせば、2012年度の中学校における武道必修化の議論がそうであった。

当時は、学校の柔道で多くの生徒が死亡してきた事実が明らかとなっていて、それゆえ、はたしてこのような現状において、柔道を含む武道が必修化されてしまっては、いっそう重大事故が増えるのではないかと危惧された。

とりわけ不安視されたのが、中学校の保健体育科教員の専門性である。柔道という比較的専門性の高い競技を、必ずしも柔道の経験がない保健体育科教員が教えることができるのだろうか。そのような指導者のもとでは、重大事故が多発するのではないかと心配されたのである。

そこで検討されたのが、まさに外部指導者の導入であった。外部指導者が介入することで、事故を予防する。ド素人が教えるという不安を払拭しようとしたのである。

しかし、ここでは重大な事実が見落とされていた。じつは、エビデンスに立ち返って死亡事故の発生実態を見てみると、その大半は保健体育ではなく、部活動において発生してきた。

中学校では40件中37件（92・5％）、高校では78件中65件（83・3％）が、部活動での死亡事故である。これまでも武道（柔道／剣道／相撲）がほとんどの中学校で取り入れられてきたことを踏まえると、必修化前も保健体育科の教員は、たしかに柔道を指導してきた。ただ、そこでの死亡事故はごくわずかであり、いっぽうで柔道を専門的に熟知しているであろう部活動の顧問教員の管理下において、死亡事故が多発してきたのである。

部活動の事故事例数の多さだけが、根拠ではない。裁判で争われたいくつかの事例では、部活動の顧問教員が直接に生徒を柔道技で投げたり、生徒に暴力を振るったりして、死亡や後遺障害に至らしめたとされるものもある。直接に物理的な攻撃がなかったとしても、きわめて過酷な「指導」や、杜撰な事故後の対応が問題視されたものもある。

また学校管理下ではないものの、町道場での指導においても柔道経験者が自らの手で事故を引き起こしたケースがある。大阪市此花《このはな》区の町道場での事案（2010年11月に発生）では、指導者が小1男児を繰り返し投げつけて死亡させて、刑事裁判では指導者に有罪判決が下された（罰金刑、2011年10月）。長野県松本市の柔道教室の事案（2008年5月に発生）においても、指導者が変則技で小学6年生を勢いよく投げつけて重度障害を引き起こしたことについて、刑事裁判で有罪が認められた（禁錮刑、2014年4月）。

ここから見えてくるのは、ド素人よりも経験者のほうが重大事故を起こしているという事態である。活動時間数の多さや、活動内容のちがいが、部活動の事故多発を招いているという反論はありうる。だが、確認したいのは、そうだとしても事実として部活動で重大事故がたくさん起きているのであり、それを管理していたのは経験豊かな指導者であったということである。

外部指導者に任せてしまうと、生徒の身体的リスクが高まるのではないか。そんな不安が、私のなかにはある。

外部指導者による過酷なトレーニング

単に経験があるというだけでは、根性論的スポーツ指導に走る可能性がある。リスクを度外視して、ただがむしゃらに過剰鍛錬を続けることに力点が置かれてしまう。

そうした危惧が現実化しうることを示すエビデンスがある。引き続き神奈川県の調査に目をやると、そこには運動部顧問と外部指導者の間にあるいくつかの相異をみつけることができる。

たとえば、一週間における部活動の指導日数として何日が適当であるかを尋ねた質問では、図26（200ページ）にあるとおり、「6日以上」と答える者の割合は、教員よりも外部指導者のほうが高い。外部指導者は、平日の5日間にくわえて、土日にも部活動を実施したほう

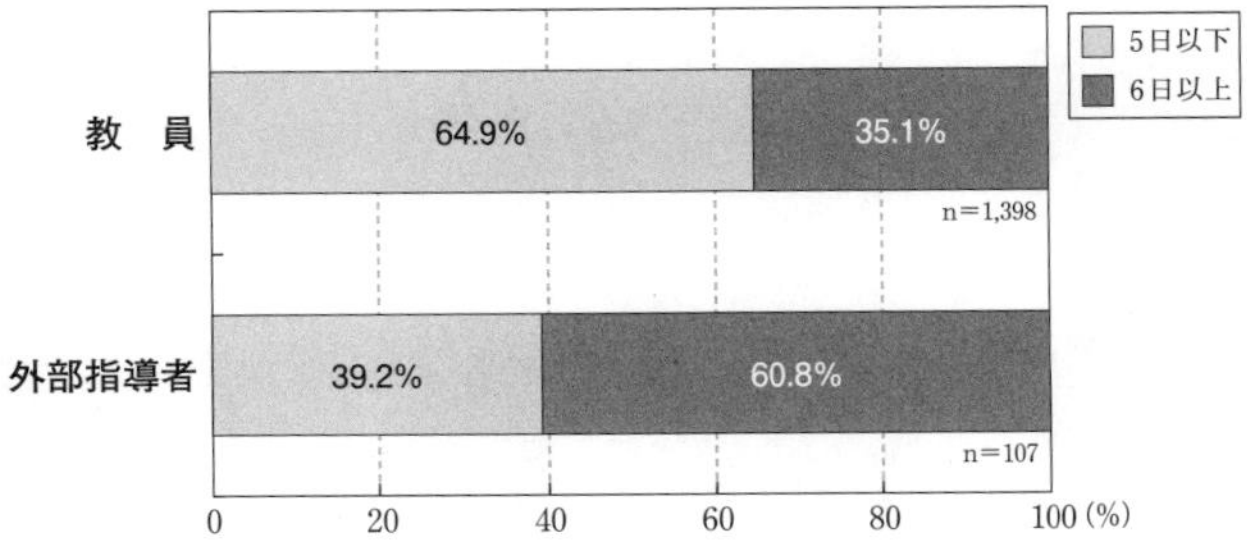

図26　運動部活動における1週間あたりの適切な活動日数［神奈川県、2013年］

がよいという思いが、教員よりも強い。

平日一日あたりの適当な活動時間数についても同様の結果が得られる。「2時間以上」の活動が適当であると考える者の割合は、教員よりも外部指導者のほうが高い。

つまり、外部指導者は教員と比べたときに、より長い時間、より多くの日数を部活動に費やすべきと考えている。部活動は十分に過酷であると思われがちだが、外部指導者の目からすれば、まだまだ足りないようである。

練習をとにかくたくさんやればよいという発想は、思考停止状態にある。限られた時間や日数のなかで、どのようにしてスポーツに取り組むべきか。ただ練習量を増やせばよいというのではなく、スポーツ科学や運動生理学の知見にもとづいて、練習が設計される必要がある。

部活動では事故が起きやすい

教員は、制度的に確たる裏付けもなく、グレーゾーンの部活動に従事せざるをえない。ここでさらに危惧されるのは、部活動中の重大事故である。

第3章で示したように、学校管理下ではスポーツの活動中、ことに運動部活動時に事故が多く起きている。つまり、教員は部活動指導のなかで、生徒の事故に遭遇する可能性が高い。件数自体が多いため、なかには重大な結果（重度後遺症や死亡）になる場合も少なくない。

２０１５年1月、高校のテニス部における熱中症事案の控訴審判決で、高等裁判所が逆転判決を出すということがあった（上告により、２０１５年3月現在も裁判中である）。この事案は２００７年5月に兵庫県立の高校で発生し、テニス部だった当時高校2年の女子生徒が、練習中に熱中症で倒れて、いまも意識が戻っていない。

その日、顧問は出張のため練習の場を早々に離れていた。裁判では、一審でも二審でも、顧問が常時練習に立ち会う義務があるという原告側の訴えは退けられた。

だが二審では、「本件練習に立ち会うことができず、部員の体調の変化に応じて時宜を得た監督や指導ができない以上」「部員らの健康状態に配慮し、本件事故当日の練習としては、通常よりも軽度の練習にとどめたり、その他休憩時間をもうけて十分な水分補給をする余裕を与えたりするなど、熱中症に陥らないように、予め指示・指導すべき義務があった」という理由から、指導上の義務違反が認められた。

最高裁の判断までには月日を待つ必要があるが、ここから一般論として学ばなければならないのは、現行の制度のもとでは、高校の教員が部活動指導の場を離れることは、そもそも指導がボランティアである以上は問題視されにくいということであり、しかしながら、指導内容の責任はきちんと負わなければならないということである。

この事態に対処するためには、今日のようなグレーゾーンに部活動を位置づけたままにすることは許されない。部活動がグレーゾーンに放置されれば、子どもの安全までもが曖昧なまま放置されてしまう。教員の安全意識向上のためにも、そして子どもの安全確保のためにも、部活動の制度上の性格が明確にされなければならない。

以上、本章では23年前の「声」を出発点にして、部活動指導における教員のリスクを拾い上げてきた。「声」にあげられていた諸々の問題は、ほぼすべて論じ切れたのではないかと思う。ただ、それら諸問題が今日にまで綿々と続いてきていることを考えれば、事態の改善はけっして容易ではない。

今日の部活動制度は、教員のＱＯＬを考えるならば、リスクだらけといってよい。教育においては、教員よりも子どものことが最優先であるから、なるほどその意味では教員はある程度のリスクを覚悟して、教育活動に臨まざるをえないだろう。ただし、それが教員のリスクを見えなくさせてしまってはならない。教員も一人の労働者であり、人間である。教員がしっかりと健全に教壇に立てることで、子どもたちの成長も保証されるのだと考えるならば、教員のリスクを直視することは、日本の教育全体を支えていくうえで重要な課題である。

第５章

柔道界が動いた

——死亡事故ゼロへの道のり

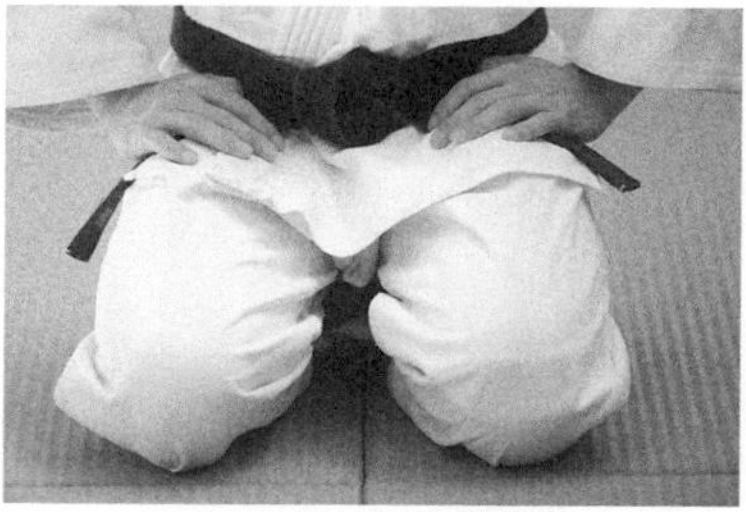

〝日本特有〟の柔道事故／©アフロ

1　柔道事故の発見から改善まで

教育の明るい未来を展望するために

学校の柔道で過去約30年の間に118名の子どもが命を落としてきた。スポーツに関心のある読者は、2011年から2012年にかけて柔道事故関連の報道をたびたび見聞きしたことだろう。だが、それ以来マスコミが報じていない重要な事実が、1つある。2012年以降、死亡事故がゼロになったという事実である（2015年4月時点）。

本章は、柔道事故に特化した章である。まずは他の章と同じように、柔道事故の「問題」を指摘する。だが、本章はこれまでの章とは性格が異なる点がある。それは、問題の所在を指摘するだけでなく、その問題が「改善」されつつある事実を示す点である。柔道事故を一例として、問題が訴えられることによってそれが解決されうるのだということを明らかにし、本書で扱うさまざまな問題に対しても前向きな展望をもたせたいと思うのである。

さて、柔道という競技は、他の競技種目と比べてとりわけ「教育的」である。それは、柔道が相手との攻防だけでなく、それに向かうための基礎的な態度として礼儀作法を重視していることに、よくあらわれている。

礼儀作法をしつける手段として有効な「善きもの」としての柔道において、死亡事故が起きてきた。そのような実態はそもそも集計すらされることなく、放置されてきた。そして、武道の教育的意義ばかりが強調され、中学校では２０１２年度から武道が必修化されることとなった。

詳細は後述することとして、まずは、柔道の教育的意義が唱えられてきた一方で、死亡や障害事故が毎年起きてきたこと、そして柔道のリスクに関心が注がれるようになったことで、そうした重大事故が激減したことを押さえておきたい。眩い教育的意義からひとまず距離を置き、リスクを直視することによって、重大事故の実態が可視化される。その可視化された実態をもとに事故対策が立案され、実際に事故が抑制される。このときはじめて、心置きなく教育的意義を唱えることができるのである。

マスコミは問題を訴えることには長けているものの、それがどう改善されたかについては、あまり報じようとはしない。事態の改善が目に見えればなおのこと、問題を訴えたことの重要性もよく理解できる。だからこそ本章では、マスコミでは報じられない柔道事故問題の「その後」について、積極的に言及したい。

「善きもの」から一時的に離れて、リスクをじっくりと検証した先に、どういった明るい未来が展望できるのか。かつて私が柔道事故を世に訴えたとき、柔道界からの反発がとても大きかったことを、肌感覚でいまも覚えている。そうした反発を乗り越えて、皆が事故抑止に真剣に取り組めば、問題は改善される。柔道事故は、リスクを直視することの大切さを教えてくれるよき例である。私は、本書で扱った他のさまざまな問題についても、同じような未来が待っているのだと願っている。

このような問題意識から、本章では柔道事故の発見から改善に至るまでを整理したい。柔道の教育的意義が唱えられる一方で、何が見えなくなっていたのか、また教育的意義を一旦脇に置いてリスクを直視した結果、どのような新たな変化が生み出されたのか。柔道事故という例は、リスクを直視することの重要性と、その結果として問題が改善されうるのだということを私たちに教えてくれるはずである。

死亡事例のコピペ状態

柔道事故の問題がいかなるもので、それがどのようにして改善されていったのか。それを描き出すために、まずは柔道事故がいかにして発見されることになったのか、柔道事故問題の出発点を示したい。

私が柔道事故の問題を世にはじめて問うたのは、２００９年の9月のことだ。じつは、私は柔道が危険だと思って、柔道事故のことを調べ始めたのではない。私の関心は、学校のなかでどのような事故がどのくらい起きているのかというところにあった。

すでに述べてきたように、「学校安全」は学校教育において長らく取り組まれてきたものの、そこには、事故の実態を数量的なデータから検証するという方法が不在であった。そこで関連の資料を探してみたところたどりついたのが、『学校の管理下の死亡・障害事例と事故防止の留意点』だった。

そこに記載されている死亡事例を1件ずつカードに転載し、事故を分類していく作業のなかで、柔道事故は自ずと浮かび上がってきたのである。

分厚いカード束の最初のほうには、たとえば１９８４年発生の事例で、次のような概要が記載されている。

高１／男／急性硬膜下血腫
8月8日から行われた柔道部合宿の2日目早朝トレーニングのあと8時30分から10時ま

で寝技練習、午後1時から4時30分までは立技練習が行われた。立技の自由練習中、本生徒は3分間の2本目に左大外刈りで投げられた際に左後頭部を強打した。直ちに様子を見たところ、意識不明の状態なので、救急車で病院へ移送、医師の指示により、転医入院、手術が行われたが、消化管出血、肺炎、肝腎機能障害を併発し、死亡した。

そして、最後のほうには、たとえば2011年発生の事例が次のように記載されている。

高1／男／頭部外傷
他校との合同練習をしていた。自由練習中、相手に大外刈りで投げられた。その後立ち上がったが、頭痛がするので休んでいたところ、気を失ったため、すぐに病院に搬送した。手術をしたが、出血が多すぎて途中で中止となった。人工呼吸と点滴で意識が戻らないまま、数日後に死亡した。

これら2つの事例には、おおよそ30年近くの時間の開きがある。だが事例概要を読むと、共通点が多くあることに気づくだろう。いずれも高校1年生の男子が、柔道部の自由練習中に大外刈りで投げられて、頭部の損傷により死亡している。

じつはこうした類似の事例は、まだまだある（学校管理下の死亡１１８件の事例概要については、河出書房新社刊の拙著『柔道事故』を参照してほしい）。柔道事故のカードを束ねていくと、カードを重複して作成してしまったのではないかと見誤ってしまうくらいに、そっくりの事例が多い。〝事例のコピペ〟状態である。

つまり柔道では、第一に死亡事故が多く起きている、第二にその事実がほとんど知られていない、第三に各事例に共通点が多くみられる、という状況がカードを束ねた初期の段階で見えてきたのである。

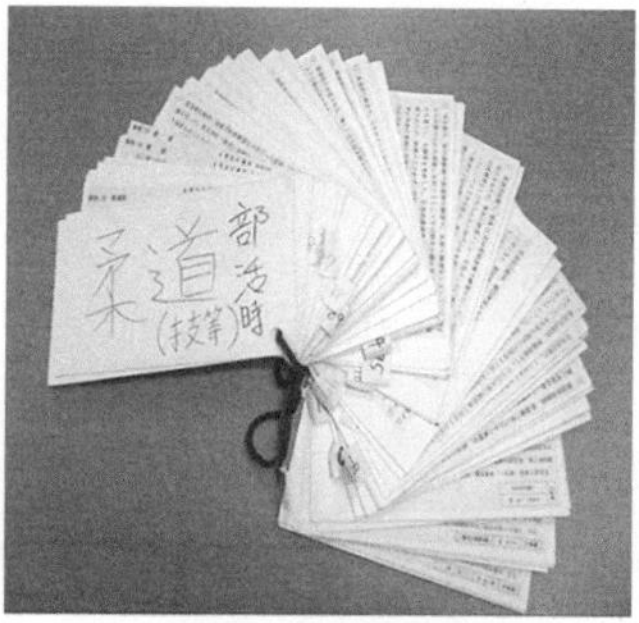
柔道による死亡事故のカード

これら３つの状況は、けっして無関係のものではない。柔道では、典型的な事故状況というものがあり（第三の状況）、それが放置されている（第二の状況）からこそ、死亡事故が後を絶たない（第一の状況）のである。３つの状況が相互に深く関連し合いながら、悲劇が生み出されてきたのである。

突出して高い死亡率

柔道では死亡事故が多く起きているとはいうものの、もちろん柔道以外の競技でも死亡事故は起きている。そして、束ねられた死亡事故のカードは、他の競技においても存在する。

数字を読むときに重要なのは、できる限り数字どうしを比較するということである。数字は、じつはそれ単体では必ずしも十分な意味をもちえない。

柔道における死亡事故も、他の競技と比較されることで、その多少がよりはっきりと見えてくるはずである。ただし、単純な比較はできない。なぜなら、たとえば柔道と陸上競技では、その参加者数（その競技を経験する子ども数）がまったく異なると想像されるからである。陸上競技のほうが、その競技参加者数は柔道よりも圧倒的に多いと考えられる。したがって、死亡の件数をそのまま競技間で比較するのではなく、それを競技参加者数で割って「死亡率」を算出することが必要となる。

第3章の最後に参考資料として掲載した図13（158ページ）を見てほしい。図13は、過去20年の間に中学校と高校の主要な運動部活動における競技別に見た死亡率である。なかでも柔道とラグビーが、群を抜いて死亡率が高いことがわかる。柔道が10万人あたり2・98 2人、ラグビーが10万人あたり3・452人である。その次に続くハンドボールは1を切って０・７６６人、他の競技はそれ以下となる。柔道とラグビーの多さがよくわかる。死亡件数だけでいえば、野球（62人）やバスケットボール（58人）のほうが柔道（52人）よりも多い（なお、ラグビーは25人）。しかし死亡率では、柔道は野球やバスケットボールをはるかに凌ぐ。部員数を考慮した死亡率の計算からは、柔道は死亡に至る可能性が他と「比較」してきわめて高いことがわかる。

死亡率の比較は、競技種目そのものがもっている危険性を明らかにする。そしてその結果を踏まえるならば、だからこそ柔道をおこなうにあたっては、野球やバスケットボール、その他競技種目よりも、何倍もの安全面における配慮と対策が必要ということになる。安全対策に投じることができる資源（ヒト・モノ・カネ）には限りがあるだけに、どの競技に重点的に安全対策が施されるべきか、エビデンスにもとづいた判断が必要となる。

柔道事故の特徴

柔道事故の実態に踏み込んでいこう。学校管理下の柔道事故は、死亡事例について見てみると、１９８３年から２０１３年度までで１１８件発生している。中学校が40件（33・９％）、高校が78件（66・１％）である。

事故のほとんどは、部活動中に起きている。中学校で37件（92・5％）、高校で65件（83・3％）。性別は、男性の死亡が圧倒的に多く、中学校で39件（97・5％）、高校で74件（94・9％）が男性となっている。

柔道事故の実態で、とくに注視すべきなのは、次の2点である。

一点目は、学年別で見たときに中学校と高校のいずれも1年生（初心者）の事例が多いということである。中学校では1年生が21件（52・5％）、高校では1年生が51件（65・4％）と、半数を超えている。

1年生に事故が多い理由は、いくつか考えられる。一言でいえば、1年生は未熟でありまた弱者であるから、重大事故の被害者となる。また後に示すように、死因の多くを頭部外傷が占めている。そこから考えられるのは、1年生は受け身の練習が不十分である、上級生との体格差が考慮されていない、上級生からつねに投げられる役回りになっている、そもそも体力が十分についていないなどといった理由が挙げられるかもしれない。全日本柔道連盟（全柔連）の『柔道の安全指導〔2011年第三版〕』では、1年生の事故を防ぐためには、体力や技能程度を考慮した別途の計画が必要であると説明されている。

柔道事故の実態で注視すべき2点目は、柔道固有の動作が原因の頭部外傷によって多くの

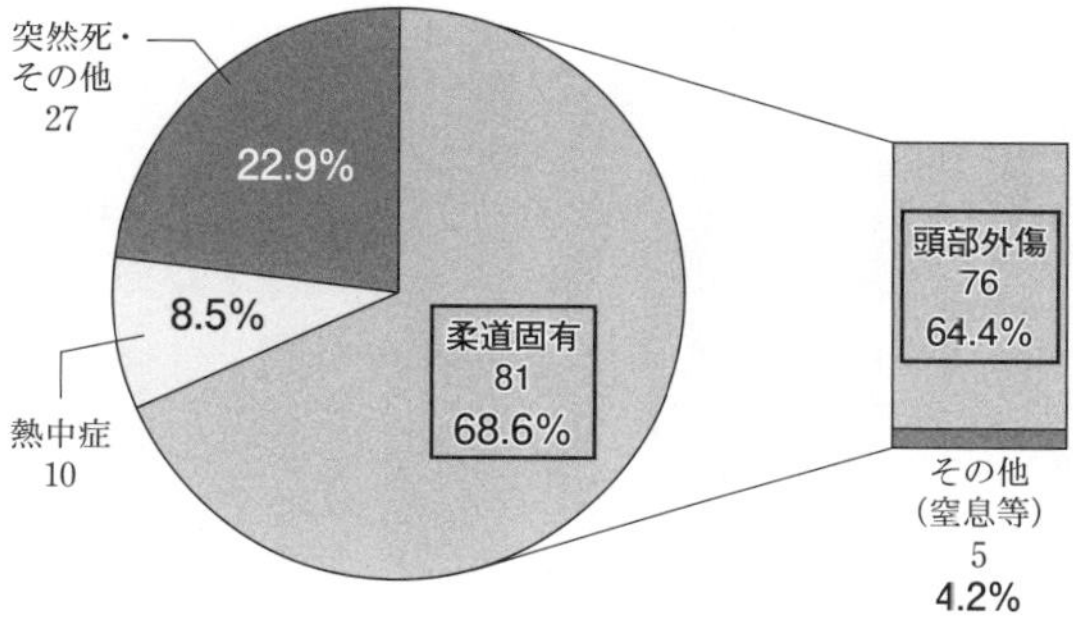

図27　柔道による死亡の原因［中学校・高校、1983-2014年度］

生徒が亡くなっているということである（図27）。柔道で死亡事故がこれほどまでに頻発してきた理由は、このことによって説明できる。

他競技では、熱中症や突然死の事故は起きているものの（もちろん、熱中症や突然死もまた重要な課題であるが、ここでは触れない）、その競技固有の事故というのが少ない。たとえば、バスケットボールをしていてコートのなかで選手どうしがぶつかるというのは、その競技固有の動作による死亡である。

柔道では、その固有の動作（投げ技、受け身）のなかで死亡事故が起きている。そして、その死亡の原因のほとんどが固有動作が引き起こした頭部外傷によるものである。中学校では全死亡事例のうち30件（75・0％）が、高校では46件（59・0％）が、頭部外傷による死亡である。

以上の実態把握からは、部活動におけるとくに1年生の頭部外傷をいかに防ぐかが、安全対策の課題として浮かび上がってきた。

柔道事故が社会問題化したことをきっかけにして、脳神経外科の関連学会では、(柔道に限らず)スポーツ時の頭部外傷とくに脳振盪《のうしんとう》への関心が急速に高まっている。重大事故防止のためには、脳振盪予防が効果的であるという考えのもと、いままさに議論が進行中である。

2　頭部外傷対策

脳振盪とは何か

こうした柔道事故の実態は、医療界やスポーツ界に衝撃を与えた。脳神経外科医やアスレチックトレーナーらの、それら頭部外傷に関わる議論のなかで、学校現場において押さえておくべき事項を以下にあげておきたい。専門外の私でも理解できることであるから、けっして難しいことではない。

読者には、次の2つの質問について考えてもらいたい。

Q1　脳振盪とは、どのような症状を指すか。どのようにして発症するか。

Q2　自動車事故における脳振盪とスポーツ事故における脳振盪との決定的なちがいは何か。

脳振盪のチェックシートとして、「SCAT2」とよばれるシートがある（SCAT3もすでに存在するが、本書ではすでに広く普及しているSCAT2を用いる）。

Q1の答えは、そこに書かれている。次の徴候や症状のうちどれかが当てはまるときには、脳振盪の疑いがあるとされている。

A1　意識消失／すばやく動けない感じ／痙攣《けいれん》発作、ひきつけがある／霧の中にいる感じ／健忘症《けんぼうしょう》／気分が良くない／頭痛／集中力がない／頭部圧迫感／思い出せない／頸《けい》部《ぶ》痛／疲れている、活力がない／吐き気や嘔吐／混乱している／めまい／眠くなりやすい／ものが霞んで見える／いつもより感情的／バランスが悪い／怒りやすい／光に過敏／悲しい／音に敏感／神経質、不安感がある一口に脳振盪といっても、その症状は実にさまざまで、一つひとつの事項を覚えるのは大変だ。ある脳神経外科医によれば、『いつもとちがう』様子であれば脳振盪を疑うべき」という。

ここで重要なのは、「意識消失」だけを脳振盪の症状と考えるべきではないということである。一般には、意識消失こそが脳振盪の要件であるかのように考えられている。だが、意識消失は、脳振盪の症状の1つでしかない。意識消失は、脳振盪の症状の10％以下とされる。したがって、多様な症状がありうることが理解されねばならない。

では、脳振盪とはどのようにして起きるのか。脳振盪はときに「脳震盪」と表記されることもある。「振」「震」という漢字が入っていることからもわかるように、脳が振れる、震えることによって、脳振盪は発生する。脳振盪の英語表記のconcussionも、「震動」という意味である。

脳は、頭蓋骨の内部にぷかぷか浮いているようなもので、鍋のなかに浮かんだ豆腐にたとえられる。脳振盪は、頭蓋骨のなかで脳が揺れることによって生じる。

このことはつまり、脳振盪は頭部を直接に打たなくても生じるということを意味する。腰のあたりに前からタックルを受けて、頭部がガクンと前後に揺れれば、そこで脳振盪が生じうる。頭部を打った際に脳が揺れるのはもちろんのこと、打たなくても脳が揺れて脳振盪が起こってしまうのである。

なお、柔道の死亡事故で頻繁にみられる「急性硬膜下血腫」にも同じことが当てはまる。急性硬膜下血腫とは、脳の外側を包む硬膜と脳との間をつなぐ架橋静脈が切れて、血腫が拡がった病態をいう。架橋静脈が切れるのは、脳に回転加速がかかったときである。硬膜を含む頭蓋骨に回転力がかかっても、脳は動かずにとどまっているために、架橋静脈が破断するのである。したがってこの病態も、頭部の直接的な打撃の有無にかかわらず生じうる。

私たちはつい、頭部を直接打ったかどうかを気にしてしまう。生徒に「頭打ったのか」と尋ねて、「いいえ」と返ってきたとき、だからといって「問題なし」と判断してはならない。

頭部外傷の「繰り返し」

質問の２つ目、脳振盪に関して自動車事故とスポーツ事故の決定的なちがいとは何か。これにはいろいろな解答が可能であるが、ここで強調したいのは、スポーツでは脳振盪が繰り返されうるということである。

車の運転で事故を頻繁に起こし、そこで脳振盪が繰り返されるということは、めったに起こらないだろう。だが、スポーツとなれば、一日のなかでも複数回脳振盪が起こりうる。しかも脳振盪は一度起こしてすぐに競技を続けた場合に、再発しやすくなることも知られている。

柔道事故の社会問題化をきっかけにして、日本でもスポーツ時の脳振盪への関心が高まった。そこで、とくに議論が積極的に交わされているのが、脳振盪を含む頭部外傷の「繰り返し」についてである。

なぜ「繰り返し」に着目することが重要なのか。その理由は、1つに頭部外傷の繰り返しが致命傷となりうるからであり、もう1つにそれと関連して、一度起きたときに慎重に対応すれば二度目は防止できるからである。

まだまだ解明されていないことも多いものの、現時点で次のことは注意事項として喚起されなければならない。それはとにかく、脳振盪を含む頭部外傷の症状が疑われたときには、頭部外傷を繰り返さぬよう、安静を心がけるということである。

頭部外傷が生じた時点で十分な休息をとることで、致命的な事態に至らずに済む。これは言い換えれば、いつ競技を再開するかという問いと連動している。つまり、繰り返しの頭部外傷は競技復帰のタイミングの問題として検討されることになる。

頭部外傷後の競技復帰について、もっとも詳細かつ厳格な規定をもっているのは日本ラグビーフットボール協会（ＪＲＦＵ）である。

脳振盪後の競技復帰を定めた「段階的競技復帰プロトコル」によると、常時医師の管理下にない限りは、少なくとも14日間は安静にしなければならない。また、15日目から軽い有酸素運動（ウォーキングなど）を始め、そこでまた脳振盪の症状がみられた場合には休息をとらなければならない。徐々に段階的に運動の負荷を上げていき、完全な競技復帰は、早くても事故後21日目からと定められている。

なお、脳振盪ではなく急性硬膜下血腫については、さらに厳格な対応を求める専門家もいる。ひとたび急性硬膜下血腫を発症した場合には、再度の衝撃によって出血が起こりやすい状態となっている可能性がある。そのため、ＭＲＩ（磁気共鳴画像）検査では、血腫が消失して異常がみつからない場合でも、競技復帰を許可するべきではないと主張される。

「魔法の水」「魔法のヤカン」は過去のもの

頭部外傷の知識をもっているか否かで、同じ現象の見え方はずいぶんと異なってくる。

「魔法の水」「魔法のヤカン」という言葉をご存じだろうか。ラグビーの試合中に選手が脳振盪で倒れたときに、ヤカンに入れた水を選手の顔にかける。選手は水の刺激で意識を取り戻し、競技に復帰する。観客はそれを、拍手でもってたたえる。

今日、プロの公式戦でそのような姿を見ることはなくなった。なぜなら、脳振盪の症状があらわれた場合には、試合を続行してはならないという考えが常識となったからである。「魔法の水」「魔法のヤカン」は、もう過去のものである。

かつては、観客は脳振盪後すぐに競技復帰する選手を「すばらしい」と評価していた。まさにそのすばらしさによって、繰り返しの頭部外傷のリスクは不可視化されていた。

2014年11月のこと、フィギュアスケートの羽生結弦《はにゅうゆづる》選手が、公式試合直前の練習時間中に他の選手に衝突し、リンクに倒れ込むという事故があったのをご記憶の方も多いだろう。その後、羽生選手はリンク外に出たものの、すぐに練習に復帰し、さらには本番にも出場したことにも注目が集まった。

このとき、私は「羽生選手に『感動』するだけでよいのか?」と題する記事を書いた。なぜなら、脳振盪の疑いがあるにもかかわらず、多くのマスコミや観客、視聴者は「感動した」「涙が出た」とたたえていたからである。

記事にはじつに多くの反響があり、これまた賛否両論であった。絶対安静すべきだったと主張する声もあれば、逆にそれを過剰な介入だと試合への出場を支持する声もあった。まさに、リスクをめぐる両極の価値観が浮き彫りになった出来事であった。

こういった事態は、けっして遠い世界の話ではない。考えてもみれば、学校の現場で、多少の怪我や疲労を押してでも練習を続ける生徒を見て、私たちは感動してきたではないか。

ツイッターには、生徒のこんなつぶやきがある（特定化を避けるため一部改変）。

「先輩が、足を怪我したのに、リレーも走って、組体操もしていて、すごかったなぁ」

「体育祭の組体操で頭を打って病院に行った先輩が、クラス対抗リレーにどうしても出たいからって、急いで病院から帰ってきて走っていました。感動しました。すごくかっこよかったです」

まさに、スポーツや体育祭の華々しさ、生徒の頑張る姿に、目を奪われてしまっている。だが、そうした高い評価こそが、リスクを見えなくさせているのである。

２０１１年の５月下旬、名古屋市で高校１年生の男子が、柔道部の練習中に後頭部を畳で強打した。生徒は頭が痛いということで2つの病院に行き、養護教諭にも相談をした。しかし彼は、頭痛をかかえたまま競技に復帰し、6月上旬の練習で再度頭部を打撲し、死亡した。

2010年の5月上旬、静岡県函南市にて、柔道部の練習で後頭部を打った中学1年生の男子生徒が、急性硬膜下血腫と診断され入院をした。その後生徒は競技復帰をし、6月下旬に再び頭部を打ち死亡した。

いずれも、頭部外傷の繰り返しによる死亡である。前者の事例では、生徒は頭痛の症状がありながらも競技を再開し、命を落とした。後者の事例では、急性硬膜下血腫を発症したにもかかわらず競技に復帰し、命を落とした。これらは、競技をストップしていれば死ななくて済んだ事例である。

――後悔しても、命は返ってこない。私たちはここから学ばなければならない。頭部外傷の繰り返しを防ぐことは、重大事故の繰り返しを防ぐことにつながっていく。

3　死亡事故ゼロへ

海外での柔道事故

柔道の死亡事故の多さを目の当たりにした当初、私は柔道という競技そのものに重大事故を引き起こす根本的な原因があるのだと考えた。だが、いまはそのような考えをもってはいない。その理由は、海外では柔道の死亡事故がほとんど確認されていないからである。

そのような情報が最初に耳に入ったのは、２０１０年春のことだった。全国柔道事故被害者の会のメンバーが、各国の柔道連盟関係者にメールで問い合わせをしたところ、死亡事故は確認できないとの回答が返ってきたというのである。

たとえばイギリス柔道協会（British Judo Association）からは、「私がＢＪＡに勤め始めた１９８８年以降、私が知る限り18歳以下の子供の柔道事故による死者、重傷者はＢＪＡ内では１人もいない」、アメリカ柔道連盟（USA Judo）からは、米国全体の過去10年間の柔道事故調査の結果にもとづく回答として、「18歳以下の若者の外傷性脳損傷による死亡者または重度の運動機能障害者はこの10年間１人も報告されていない」、フランスのトゥールース大学病院付属小児病院（Hopital Des Enfants, University Hospital Toulouse）からは、「過去15年間にこの病院では柔道による脳損傷小児患者は1人も扱っていない」といった回答があったという（他の各国の情報を含めて詳細については被害者の会のウェブサイトを参照してほしい）。

私がこの情報を被害者の会から得たとき、即座には信じることができなかった。そもそもこの日本では、柔道事故という実態はこれまで明らかにされてこなかった。ということは、その当時に、仮に全柔連関係者に質問を出したとしても、「死亡事故は確認できない」と回答が返ってきたのではないかと推察されたからである。

それと同じ状況が、他国の柔道関係者の間でも起きているのではないか。つまり、柔道連盟関係者は、死亡事故が起きていてもそれを把握していない、あるいはそれが連盟の意図により公表されていないとの疑念があった。ましてや、日本の被害者の会とのやりとりであり、情報を出すことに用心していることも考えられた。

だが2010年にその情報を得てから、数年経てども海外の死亡事故の情報がまったくといっていいほど入ってこない。それらの国々で、他の競技ではいくつか死亡事故の情報が確認できるが、柔道に関しては死亡の情報は入ってこない。

そのようななか、被害者の会による調査を追認する情報もいくつか得られるようになった。

フランス柔道連盟（Fédération française de judo）の副会長であるミシェル・ブルース（Michel Brousse）氏の個人ウェブサイトには、氏が日本の全柔連において報告した資料がアップロードされている。その資料によると、２００５年から２０１０年の6年間で連盟に報告された子どもの死亡事故は１件であり、それはクラブの野外活動時のソリによる事故であった。柔道に関連した子どもの死亡事故はない。

フランスは柔道大国であり、柔道の競技人口は60万人である。日本のそれが20万人であるから、おおよそ3倍の競技人口を有している。しかも、国の人口は日本の半分であるから、フランスにおける柔道人気の高さがよくわかる。そのフランスで、死亡事故が確認されていないのである。

文部科学省は、三菱総合研究所に委託した事業「体育活動中の事故防止に関する調査研究における海外調査」において、海外の体育活動中の事故に関する調査をおこなっている。報告書（２０１２年３月）によると、この調査は、「アメリカ、イギリス、ドイツ、フランスを対象とし、体育活動中の事故に関する基本的な情報を収集し、今後の検討に向けた基礎資料を作成することを目的として実施」されたものである。報告書には、各国の安全指導に関わる統計資料や教育体制の情報が掲載されているものの、そこに柔道の死亡事故事例は１件もあがっていない。

以上の知見からは、海外での柔道による死亡事故は、仮に起きているとしてもごくわずかであり、少なくとも日本のような多発している状況は生じていないと結論づけられる。

柔道発祥の国として、これでは恥ずかしい。だが、希望もあった。他国でできているのであれば、日本でもできるはずである。他国と同様に、日本でも死亡事故を可能な限り抑制することができると期待される。

「安全な着地」——ロンドンの町道場が教えてくれたこと

同じ競技をしている他の国々では、死亡事故はほとんど起きていない。そうだとすれば、柔道という競技そのものが危険というわけではなく、日本の柔道が危険なのである。

私のごく限られた経験からではあるが、海外の柔道の安全配慮を目の当たりにしたことがある。2014年にイギリスを訪れたときのことだ。私は、ロンドン市内の2つの町道場に連絡を入れて、練習を見せてもらうことにした。

2つのうち1つ目の町道場は、子どもから大人の参加者まで、笑顔が印象的であり、体力や精神力の極限までやわらの道を突き詰めるという空気ではない。指導者も含めて、柔道を楽しんでいる様子がよく伝わってきた。

だが、もう１つの町道場は、雰囲気がかなりちがっていた。子どもの時間帯、高校生の時間帯、成人の時間帯いずれも、厳格な雰囲気に包まれており、イギリスに来て、「いかにも日本」という風景に出会うとは、想像をしていなかった。

高校生の時間帯で、指導者が新しい投げ技を教える場面があった。細かく投げ方の指導があり、いざ高校生どうしでの練習が始まった。新しく習得した技を用いて、高校生は切れよく相手を投げようとした。ビュンと相手の身体が勢いよく畳に沈みかけようとしたその瞬間、投げ手の動作は急に緩やかになった。そして、最後は相手を畳のうえに、やさしく落とした（置いた）のである。投げた瞬間の切れ味のよさとは対照的に、やわらかい着地であった。

なるほど、投げ技における技のかけ方や力の駆け引きがわかれば、それ以上に相手を畳に向かって鋭く投げつける必要はない。着地は、そっとやさしく終えればよい。

その動作を見て、即座に私の頭に思い浮かんだものがある。イギリス柔道協会が作成した安全指導の小冊子である。その名も、「safe landings（安全な着地）」。全文は、協会のウェブサイトに掲載されていて、日本語翻訳版が、全国柔道事故被害者の会のウェブサイトから入手可能である。

『safe landings（安全な着地）』
／イギリス柔道協会

この小冊子は、じつは柔道の投げ技を教えるものではない。「safe landings」の副題は「児童保護の方針・手続き・ガイドライン」であることからわかるように、この小冊子は、児童虐待から子どもを守ることを目的としている。児童虐待防止の資料を、柔道協会が作成していることには驚かされる。

「safe landings」とは、子どもを暴力から守るための比喩にすぎない。だが、そのような安全配慮の姿勢が、町道場で私が目にしたやわらかい着地と重なってくる。イギリスの柔道事情は、柔道を教えることの意義と、安全指導（リスク・マネジメント）とが共存できるということを教えてくれる。

ここで私が日本で耳を疑った経験を、1つここにあげたい。それは2012年9月のこと、柔道家らが集まるとある学会の年次大会で、柔道事故問題が議論になったことがあった。そこでは、柔道事故に関連する報道が相次いでいることについて、それを「柔道バッシングだ」と断じたり、「柔道にはいい側面があるはずなのに、ネガティブなところを強調しすぎ」と残念がったりする意見が多くあった。なかには、「柔道というのは、そもそもは人が死ぬ覚悟をもってやるものだ」という過激な意見を熱弁する柔道家もいた。

その柔道家らにとって、柔道の意義を強調することと、安全指導とは相容れないものである。柔道をやるのであれば、その意義を重視すべきであり、危険性について検討するのは誤りであると考えられているようだ。「善きもの」としての柔道が、リスクを見えなくさせていると私は感じた。

だが、イギリスの柔道は、「善きもの」としての柔道と、リスクの低減は両立しうることを示している。柔道の意義を説きながら、安全に柔道を続けることはまったく可能である。それどころか、安全な柔道こそが、柔道の意義を高めることにつながる。そのような発想が、日本の柔道に根づいていかなければならない。

「空気が変わった」――3年間で死亡事故ゼロ

2014年の11月、私は都内で、知人であるイギリスの柔道指導者に会った。彼の来日に合わせた久しぶりの再会は、日本の柔道事故や被害者の動きについて、その最新事情を伝えることが目的であった。日本では、過去30年あまりの間に、学校の柔道で118名の子どもが亡くなっている。彼は、イギリスで柔道の普及ならびに安全指導を担う会社を立ち上げ、国際的にも発言力をもっている人物である。日本の柔道事故に胸を痛め、改革の声をあげている一人であり、全柔連幹部との付き合いも長い。

柔道事故をめぐるここ1、2年の新たな動きを説明するなかで、私は彼にこう伝えた――「ここ数年で、柔道界は大きく変わりました。いまは頭部外傷の防止をはじめ、安全対策に積極的に取り組んでいます。お陰さまで、2012年から今日までの約3年間は、死亡事故ゼロになったんですよ」と。

彼は目を大きく見開きながら、右手を差し出し握手を求めてきた。そして一言、「ファンタスティック！」

彼はそれでも最初のうちは、「本当かい？」と信じがたい様子でもあった。それもそのはずだ。2009年に4件、2010年に7件（町道場での小学生の死亡2件を含む）、2011年に3件と死亡事故が続いていて、柔道事故が一気に社会問題化した2012年以降、突然にゼロ件になったのである。驚くべき変わりようである。

それでは、なぜ死亡事故がゼロになったのか。その答えは、簡単である。学校の部活動をはじめとする柔道の指導現場で、頭部の外傷に対する意識が高まったからである。

学校柔道の事故実態を私が公にした当時、全柔連の医科学委員会副委員長二村雄次《にむらゆうじ》氏は、このデータを委員たちは驚きをもって受けとめたと言う。それも無理はない。柔道に関わる医師20〜30名で構成される医科学委員会において、当時、頭部外傷の専門家である脳神経外科医は一人もいなかったのである。

柔道界において、頭部外傷への関心は、皆無に近かった。ましてや、学校の柔道部顧問や保健体育科教師が、頭部外傷に対する知識も危機感も持ち合わせているはずがない。

２０１０年に入ってから全柔連では二村氏らの尽力により、頭部外傷の予防を中心とした安全対策の取り組みが開始された。事故防止の施策は、数多くある。公認指導者資格制度の確立、学校現場向けの指導教本の作成、さらにはそれらを統括する安全指導プロジェクト特別委員会の設置などである。頭部外傷の予防は最優先事項である。

投げ技に対する見方もずいぶんと変わった。柔道のもっとも基本的な投げ技の１つに、大外刈りがある。これは、投げられる側が地に足をついたまま投げられるということで、安全な技として柔道家の間では考えられていた。技のかけ方もそれほど難しくないため、初心者用の技として大外刈りは位置づけられていた。

ところが、死亡事故のデータからは、大外刈りによって頭部を損傷し命を落とすという事例が多く確認されたのである。なるほど、大外刈りは受け手が畳に足をついている点では安定感がある技かもしれない。だが、後頭部をまっすぐ畳に打ちつける危険性が大きい技でもある。安全面における大外刈りの評価は、まるで逆転してしまったといえる。

全柔連『柔道の安全指導』の巻頭言は、2006年版では、重大事故の「原因はほとんどが不可抗力的なもの」と評価していたが、2011年版ではそうした態度はすっかり消えた。「受傷者の苦痛や家族の負担を考えたとき、不可抗力や避けることのできないこととして責任を回避することが許されるものではありません。事故要因の分析は、指導者や管理者が安全対策を講じるうえで欠かせないことです」と、事故防止のための明確な意志が読み取れる。「頭部・頸部の怪我」が「重大事故に直接結び付くと考えられる」とされ、その発生メカニズムや予防策に多くのページが割かれている。

2011年度から試行的に全柔連が設けた「公認柔道指導者資格制度」(2013年度より完全実施)では、学校や町道場などの三段以上の柔道指導者には、全員が都道府県の柔道連盟(協会)開催の「安全指導講習会」を受講するよう要請がされた。講習会では、先の『柔道の安全指導』に沿って、頭部や頸部の事故防止をはじめとして安全指導を徹底することが求められた（なお補足までに、三段未満の部活動顧問については、公認柔道指導者資格制度の対象外であるものの、柔道の大会参加への登録ができるように「学校顧問特例資格」という措置が用意されている）。

教育や柔道の関係者は、今日の柔道指導の場面について、「以前とは空気が変わった」と言う。それは、頭部外傷に対する危機感が高まったことを指している。柔道事故の実態が顕在化するまで、柔道における頭部外傷の危機感と対策はないに等しかった。それが１８０度の方向転換である。いまや、頭部外傷の予防なしに、柔道指導は考えられない。それが、この３年間死亡事故ゼロ件を生み出しているのである。

柔道に怪我はつきものと考えている限りは、このような結果はけっして生まれなかったであろう。事故のエビデンスを直視し、それにもとづいて対策を立てれば、子どもの命が救われる。この「柔道事故防止モデル」の成果は、柔道に限らず、他の競技種目にも適用できるはずである。２０２０年のオリンピックに向けて、日本のスポーツ・セーフティは、この「柔道事故防止モデル」から多くのことを学ぶべきである。

さらにいえば、スポーツに限る必要もない。柔道事故の改善は、リスクを直視することの重要性を示唆している。「2分の1成人式」における子どもの心的負担、部活動指導における教員の心的負担、これらも人びとはそこから目を背けてきたのであった。目を背ける限りは、事態には何の改善策も与えられない。

リスクを直視するということは、実態を解明するということであり、そして、「実態の解明なくして再発防止なし」である。すべての問題の改善において、リスクを直視することが起点となる。「教育」の眩さに目を奪われない態度が求められる。

終 章

市民社会における教育リスク

「教育リスク」の特質

「教育」とは、子どものためを思っておこなわれる営みである。その「善きもの」としての性格があるゆえに、教育活動においては、ときに子どもの側に生じるリスク、さらには教員の側に生じるリスクが見えなくなってしまう。

しかもそうした状況には、学校社会だけが陥っているのではなく、保護者や地域住民を含めた市民社会もまた陥っている。

本書を締めくくるにあたって、最後に本書の内容に適宜言及しながら、教育リスクがいかなる特質をもっているのか、その全体像を描き出したい。

本書の第1章から第5章までの個別問題から見えてきたように、教育リスクには下記に示すような諸々の特徴がある。

①リスクが直視されない
②リスクを乗り越えることが美談化される
③事故の発生が正当化される
④子どもだけでなく教員もリスクにさらされる

⑤学校だけでなく市民もまたリスクを軽視している

以下、①〜⑤の具体的内容を見ていこう。

①リスクが直視されない

本書の冒頭で、「教育リスク」の焦点は「教育だからこそ見えなくなるリスク」にあることを宣言した。

多大なリスクがあるとしても、教育の眩さゆえに、そこには目が向けられない。この「リスクが直視されない」という態度には、大きく3つの段階がある。第一段階がリスクを知らない段階、第二段階がリスクを楽観視する段階、第三段階がリスクを当然視する段階である。

▼リスクを知らない段階

一部の専門家の間では指摘されていながらも、それが学校現場ではまだほとんど認知されていないような段階である。いずれは学校において共有されるべき事項であるけれども、まだ普及していない段階といえる。真剣に取り組めばすぐに得られるようなリスク関連の知識が、ここでは見落とされることになる。

まさにいまその段階にあるのが、第5章の柔道事故で言及した「脳振盪」である。脳振盪の症状は、一般には意識消失が知られている。だが近年、脳神経外科医の間では、意識消失だけでなく、頭痛やめまい、吐き気など、症状は多岐にわたると理解されるようになってきている。そしてこの症状を見逃したまま競技に復帰し、脳へのダメージが繰り返されると重大な事態につながると警告されている。

これは柔道に限られない。たとえばサッカーで選手どうしがぶつかって、その直後に一人が頭痛を訴えたとしよう。このとき、身体は元気だししっかりと立てているからといって競技に復帰させるのは危険ということになる。教育現場では、しばしば本人の「やる気」を尊重してしまい、そのまま続行させることがありうるだけに十分な留意が必要である。

▼リスクを楽観視する段階

リスクを楽観視する段階とは、リスクに気づいていながらもそれを過小評価する状況を指す。リスクの軽視と表現してもよい。当の活動の教育的意義にばかり目が向くことで、そこに何らかのリスクが付随することを自覚しつつも、リスクを直視しようとしない態度である。

リスクを楽観視してしまう理由は多々ある。それは、想定される危険な事態がそう頻発するわけではないという確率上の理由のこともあれば、以前からずっと引き継がれている活動内容であるため、そのまま例年どおりに踏襲してしまうという理由もあろう。いかなる理由にせよ、ここで欠落しているのは、その活動にともなうリスクを自覚しながらも真剣に受けとめようとしないことである。

第1章で検証した運動会の組体操では、巨大なピラミッドやタワーは、一見すれば危険な要素がたくさん見えてくる。高さを見るだけでも、ゾッとするものもある。ましてや、それがグラグラしているとなれば、いつ負傷事故が起きてもおかしくないし、同時に複数名が負傷することも危惧される。

組体操の指導書を開くと、「安全を最優先」と取って付けたような言葉が目に入る。組体操で事故が起きやすいことは、組体操の指導経験がある先生ならば、誰でも肌で感じ取っている。だからこそ、「安全を最優先」という言葉が出てくる。

だが今日の運動会を見る限り、その安全対策はまったくの不十分なものである。保護者や地元住民からの拍手喝采《かっさい》を得るべく、先生たちはリスクを楽観視して、派手なパフォーマンスに夢中になっているように見える。

第2章で言及した「2分の1成人式」においても、リスクは過小評価されている。じつのところ、クラスのなかにさまざまな家庭背景や家庭状況の子どもがいることくらいは、どの先生でも認識している。しかし一部の先生は、「2分の1成人式」に取り組み始めた途端に、それらの認識が極小化され、感動の演出にのめり込んでしまうのである。

▼リスクを当然視する段階

リスクを直視しないという3つの段階のなかで、もっともたちの悪いものが、このリスクを当然視する態度である。リスクはあって当然で、それに立ち向かうことにこそ意味があると主張される。完全な開き直りの段階である。

第5章で紹介したように、かつて私が柔道家の集まる学会大会に参加したときに耳にしたのは「柔道というのは、そもそもは人が死ぬ覚悟をもってやるものだ」という意見であった。過去30年近くで約120名の子どもが亡くなっている。その事実を知ったうえで、柔道に死はつきものだから、それを承知のうえでやればよいという。事故を恐れることはなく、死ぬということはあって当然なのだと開き直るのである。

ここまで極端な例を出さなくとも、よく見聞きする開き直りの言葉がある。それは、序章で触れたように、「スポーツに怪我はつきもの」というセリフだ。組体操のリスクを訴えたときには、何度こうした批判に出会ったことか。

具体的なリスクの情報を受け取る前であるならともかく、情報を受けてもなお事故が起きるのは当たり前という態度である。組体操であれ、何であれ、運動であるからには怪我をするのは当然と考えれば、もはや怖いものなし。そしてそこには、安全対策もなしである。リスクの楽観視を超えた当然視は、もはや子どもが傷つくことさえも躊躇なく肯定してしまう。

なお厳密にいえば、この考えはある場面においてはけっしてまちがいではない。簡単な例を出すならば、雪山に登る場合、登山者はそれが多大なリスクをともなう行為であることを、よく知っている。それでもそこを乗り越えることに意味があると考える。雪山登山家たちに、その行為は危険だからやめたほうがよいと助言するのは、意味がない。

リスクというのは、その行為にともなう危険性に関して確かな情報が十分に与えられているならば、あとは本人の選択にゆだねればよいという考えは成り立ちうる。ただし、子どもを対象にした教育という場面において、そこまでして高リスクに向き合う意義はないし、ましてや全員でそのリスクに立ち向かう必要もないだろう。

そもそも教育に関連するリスクの最大の問題は、事故に関するエビデンスの蓄積もなければ分析もない点である。圧倒的に情報が不足している。子どもに十分な情報など示せない状況で、高リスクが予期される実践を子どもに提供すべきではない。

仮に、ある程度の情報がそろったとしても、慎重を期すべきである。自分でリスク情報を判断し、その責任を自分で引き受けるには、子どもはあまりに幼すぎる。公的性格の強い教育という場面においては、大人の側は十分にリスクを管理し、無理のない範囲で子どもに実践を提供すべきである。高いリスクを乗り越えるような題材を子どもに与えるべきではない。

②リスクを乗り越えることが美談化される

教育リスクの特徴として、次に考えたいのが、リスクを乗り越えることが教育活動において美談として語られるという点である。

①で示したように、教育リスクという概念の主眼は、リスクが直視されないところにあった。そして、そこには3つの段階、すなわちリスクを知らない段階、リスクを楽観視する段階、リスクを当然視する段階があった。

楽観視の段階と当然視の段階では、いずれもリスクがあることは自覚されている。これらリスクを自覚した段階で生じるのが、リスクを乗り越えることの美談化である。

第3章で指摘したように、練習量が多ければ強くなれるという安直な発想が、今日でもなお運動部活動の指導においては支配的である。運動の日数や時間を多くする（土日も含めた連日のトレーニング、朝早くからの練習）あるいは、運動の中身を過酷なものにすることにより、よりよい成果が出ると考えられる。

しかしながら、運動生理学の見地からすれば、そうしたトレーニングは、運動の効率を低め、そして負傷のリスクを高めるものである。一日の間、一週の間、一か月の間、一年の間と、それぞれの時間・期間において、休みと活動のメリハリをつけることが求められる。

疲れたら、十分に休む。このようなことは、運動生理学という難しい学問名を出してこなくても、十分にわかることである。それにもかかわらず、疲れているところでさらに頑張ることこそが、強くなるための手段だと信じられている。

「過酷なトレーニングの先にスポーツの真髄がある」との信仰から、根性を出して頑張りぬく様が評価され、美談化される。その過程で身体には度を越した負荷がかかり、身体の故障のリスクが高まっている。それにもかかわらず、いや、それだからこそ、その過程が美談化されるのである。もはや科学の知識を飛び越した、信仰のレベルにあるといってよい。

こうした志向は、実際に事故が起きたときにも発動される。「志半ばで亡くなった○○君のためにも、絶対に大会に出場しよう」「このグラウンドは△△君がいちばん頑張っていた場所だ。『よく頑張った』と声を掛けました」……これらの声は、部活動中に実際に起きた死亡事故（前者が熱中症、後者が落雷死）のときに、生徒や教員が残した言葉である。

部活動をするなかで熱中症や落雷死が起きた。学校側の責任が厳しく問われてもよいはずである。だが学校は、その死亡事案を「亡くなった生徒の分まで頑張ろう」とか「彼は本当によくやってくれた」と美談にして片付けようとする。

あるいは、死亡ではなく負傷の場合には、怪我を押して競技に参加することが美談化される。いまでこそ見かけない風景となったが、ラグビーの試合中に脳振盪で倒れると、ヤカンに入った「魔法の水」がかけられて選手は競技に復帰する。観客はその姿を見て、感動の拍手を送る。

学校の運動会は、美談が生まれやすい環境だ。運動会本番という大事なときだからこそ、骨折をおして競技に参加し、「よく頑張った」「カッコよかった」と称賛される。

脳振盪にしろ、骨折にしろ、症状の完治を待たずに競技に復帰するのは身体へのダメージをさらに大きくする可能性を高める。何事もなければ美談で済む。ほとんどのケースがそうして無事に済んでいく。しかしその対極には、より深刻な事態が待ち構えている。美談はそうしたリスクを、見えなくさせてしまう。

③事故の発生が正当化される

教育リスクは、美談化されるだけではない。正当化されることもある。実際に事故や事件が起きたときに、それが教育だからという理由で免罪されることがある。

第3章で検討したように、運動部活動中に生徒に対して教員が暴力を振るった場合、その処分は飲酒運転やわいせつ行為、公費の不正使用などに比べて、驚くほど寛大である。暴力は子どもに対する罰であり、教育の一環であるという認識が、そうした寛容さを生んでいる。暴力の事案でさえ、そのような状況である。ましてや、組体操による骨折は、堂々と「教育の一環」というエクスキューズが通用する。真っ当な教育活動のなかで、不運にも起きてしまった事故である、と。

実際に事故が起きたとしても、善意の正しい「教育」活動のなかで起きたことなのだから、教員や学校は悪くない。「仕方のないこと」「スポーツに怪我はつきもの」「子どもの不注意だ」といった言葉で、片付けられていく。

教育活動がリスクを直視するものであったならば、もしかしてそれらの事故は防げたかもしれない。そうだとすれば、その事故はけっして「仕方のないこと」ではない。予見が可能であり、また子どもの不注意以上に教員側の不注意とみなしうるかもしれない。

こうした責任の所在は、ときに法廷の場に持ち越される。そこでは今度は司法が「教育の一環」という論理をしばしば維持しようとする。教員が生徒に一連の暴行を振るうなかで、結果的に熱中症で死亡したり、柔道技による頭部外傷で死亡したりしたとき、「傷害致死」や「業務上過失致死」とみなされてもおかしくないものが、検察はいずれにも該当しないと不起訴にする。また、国家賠償法により、公立学校の教員については、民事上の賠償責任が問われることもない。

こうした現状を知るにつけ、疑念は教育界だけでなく、司法界にも向けられることになるだろう。「教育の一環」という主張は、単にその場しのぎのエクスキューズというだけではない。それは、法律上の責任を回避することにもつながる重要なはたらきをもっている。

④子どもだけでなく教員もリスクにさらされる

「教育」という「善きもの」は、子どもだけでなく、教員をもリスクにさらす。

教員に襲いかかるリスクには、次の2つがある。第一のリスクが、「訴訟リスク」である。

子どもが事故に遭うということは、ときに教員がその事故に関して裁判に訴えられる可能性がある。第二のリスクが、「自己犠牲リスク」である。自分の心身の危機を考慮せずに、「子どものため」に尽くしてしまう。

第一の「訴訟リスク」について、説明しよう。

「善きもの」としての教育に目を奪われてしまうがゆえに、リスクが直視されず、重大事故が引き起こされる。このとき、第1章の組体操リスクにおいて言及したように、事故が起きた後に、教員が裁判に訴えられるという二次的なリスクが生じる。

まずもって教育現場では、「事故が起きるかもしれない」というリスク感覚が共有されていない。だが、それ以上に欠けていると思われるのが、自分が訴えられるかもしれないという訴訟リスクに対する自覚である。

とある校長は、管理職になったときにようやく「何か起きたときには、自分の責任が問われる」ということに気づき、リスクに敏感になったという。管理職の立場にもなれば、自分は当の事故に直接には関与していないとしても、自分が謝らなければならないし、自分の監督責任が問われうる。裁判まではいかないにしても、自分が責められることに意識的にならざるをえなくなる。

一般の教員もまた、管理職がもつような意識を有するべきであるが、実際にはそうはなっていない。日々の教育に追われるなかで、「自分の責任が問われるかもしれない」「自分が刑事裁判や民事裁判にかけられるかもしれない」という危機意識をもつ余裕はない。

だが、ひとたび事故が起きて訴訟にもなれば、その心的負担はかなり大きい。実際に、重大事故の後、まもなくして自ら教員を辞めたというような事例を耳にすることがある。また、けっして訴訟にまで至らなくとも、重大事故が起きてしまえば、保護者との関係を含めじつに多くの困難な課題が次々と目の前にやってくる。

次に、第二の「自己犠牲リスク」を説明しよう。

「子どものため」という教育の目標は、教員自身をして、教育から離れられない状況をつくりだしてしまう。第4章で描き出したように、土曜日も日曜日も部活動の指導のために出勤する。生徒がやりたいということもあれば、保護者からそう要請されることもあり、また最初から自分自身でそうすべきと考えている場合もある。いずれにせよ、「子どものため」という信念のもと、自分の休日を部活動指導に充ててしまう。

部活動指導は、教員がやりたければやるだけの話であるはずなのに、日本全国において教育という名のもとに自己犠牲が強いられている。これでは、教員のＱＯＬが損なわれることは明白である。

また別の例を持ち出すならば、教員は自分自身が生徒から暴力を受けても、声をあげない。路上で見ず知らずの高校生に殴られれば警察沙汰になるものも、自分の学校で生徒から殴られると、そこで耐えてしまう。

生徒に対する暴力が公にならないのと同様に、教員に対する暴力も公になりにくい。それは、教員は子どもを「教育」的に育てなければならないからである。生徒に対する「教育的配慮」である。

教育活動のもとでは、教員から子どもへの暴力が許容されることもあれば、その逆もまた同じである。「教育」という大義名分が、子どもにとっても教員にとっても心身のリスクを高め、さらにそれを見えなくさせてしまうのである。

⑤学校だけでなく市民もまたリスクを軽視している

本書の関心は、基本的には学校現場に向いている。しかし、教育という名のもとにリスクを直視しないのは、学校関係者だけではない。

この日本社会の大多数の人たちが、何らかのかたちで学校において教育というものを経験している。私たちもまた、教育的価値に知らず知らずのうちに染まっているかもしれない。はたして私たち自身は、しっかりと教育リスクに向き合えているか。自分自身の問題として、そしてこの社会全体に通底する問題として、教育リスクを受けとめなければならない。

教育活動におけるリスクの軽視は、学校現場だけでなく、市民社会全体に拡がっている。学校において教育リスクへの自覚が弱いのは、じつは保護者や市民もまたその学校の取り組みに賛意を表しているからである。

その顕著な例は、部活動の顧問が生徒に暴力を振るい、それが表面化したときに見えてくる。第3章で示したように、顧問が暴力により生徒を負傷させたり自殺に追い込んだりしたとしても、顧問の寛大な処分を求めるために、保護者や部活動ＯＢらが署名活動を始める。

署名活動では、教員は熱心な指導者であること、生徒や保護者から支持されてきたこと、暴力が生徒の成長に有効であったことが語られる。その指導で人が命を落としているとしても、そこには目を向けず、暴力の教育的意義が説かれる。

ここで重大な問題と認識すべきことは、教育界が自ら内部の人間を厳罰に処そうとしているときに、外部の市民社会が当該の教員を守ろうとしていることである。暴力を容認しているのは、じつは教育界ではなく、市民社会であるかもしれない。

運動会で負傷事故が多い種目として知られる組体操や騎馬戦、棒倒しこそ、保護者や地域住民の歓声によって支えられている。とくに組体操は少なからぬ学校でおこなわれており、運動会の花形種目に位置づけられている。

運動会当日は組体操の時間帯に向けて、観客の数が増えていくという学校もある。地域全体で子どものリスクを軽視している。

そして、学校側が組体操の危険性を認識して、組体操をとりやめにしようとするときにもまた、学校外部の人間が障壁となることがある。たとえば保護者が「あんなに皆が感動しているのだから、なくすべきではない」と声をあげる。

保護者は自分の子どものことだから、学校とはちがって事故のリスクを真剣に考えると、読者は思われるかもしれない。しかし、現実はけっしてそうとはいえない。学校側は事故を懸念して当の活動をやめようとしても、保護者側がそれに抵抗することさえある。その抵抗に負けてしまえば、学校側は、ビクビクしながら高いリスクの活動を継続せざるをえなくなる。教員にとっても、さらには子ども自身にとっても、これは不幸な話である。

教育とは学校だけが関わる営みではない。保護者もまた、それに携わる。さらにいえば、市民一人ひとりが教育に関わっているとさえいえる。積極的に教育内容に反対意見を出すこともあれば、それを積極的に肯定することもある。あるいは、消極的な容認、すなわち見て見ぬふりをすることもある。

学校の外にいる市民もまた、教育の眩さに目を奪われている。保護者を含む市民こそが、危険な活動を推奨することがある。学校がリスク・マネジメントに向き合おうとしているときに、その芽を摘んでしまうことがある。教育におけるリスクの軽視は、学校のなかだけではなく、私たち自身のなかにこそ根づいていることを、私たちは自覚しなければならない。

＊　＊　＊

教育という善き営みは、リスクを美談化、正当化し、子どもとさらには教員を巻き込みながら、学校にリスクを埋め込んでいく。そして、市民社会も一緒になってその作業に手を貸している。

これからは学校関係者と市民が協力して、その埋め込まれたリスクを、教育活動のなかから掘り起こしていく作業が必要である。掘り起こしたものに、けっして再び土をかぶせることなく、リスクを直視するところから、教育のあり方を考えていかなければならない。

おわりに

不審者が暴行目的で学校に入ってくることを歓迎する人はいない。

一方、運動会で巨大な組体操が繰り広げられることは歓迎され、多くの人が感動の涙を流すだろう。

両者には共通点がある。それは、いずれも子どもの身体が危険にさらされているということである。けれども、不審者の危険は敏感に察知されるが、組体操の危険は察知されない。それどころか、歓声がわき、感激の拍手が高鳴る。

その差は、どこにあるのか。本書をここまで読んでくださった方には十分におわかりいただけるように、その答えは「教育」にあった。不審者の侵入を「教育」という人は誰もいない。だが、巨大な組体操は立派な「教育」活動とされる。「教育」というお墨付《すみつ》きがあるだけで、私たちは途端に、子どもの身体に迫り来る危険を見過ごしてしまう。

子どもから教員に目を転じてみよう。土日も出勤させて若い社員を使い潰していく企業を、私たちは「ブラック企業」と呼んで、問題視する。だが、部活動の指導のために若手教員が無給に近い状況で毎週土日に出勤していても、それはブラックとは呼ばれず、いっこうに社会問題にはならない。それどころか、土日の部活動を取りやめにしようものなら、保護者からクレームがくる。

こうした事態が生まれるのも、部活動とはすなわち「教育」だからであった。企業に使い潰されるのは問題だが、学校に使い潰されるのは、子どもの「教育」のためだから仕方がないのだ。こうして、教員の心身に迫り来る危機は見過ごされていく。

教育が善きものであるばかりに、そこで子どもや教員のリスクが見落とされてしまう。しかもそのリスクは、教育関係者のみならず、保護者を含め私たち市民全体が見落としているものでもあった。

しかし、ここで強調しておきたいのは、教育リスクの現実を私に教えてくれたのもまた、教育関係者や市民であったということだ。組体操、2分の1成人式、部活動顧問の負担、スポーツ事故……本書で扱ったそれぞれのテーマについて、たくさんの方が、ツイッターやフェイスブック、メール、電話、手紙などで情報を提供してくださったり、直接に話しかけてくださったりした。

学校の先生や管理職、そして教育委員会関係者に高校生と、いま教育の現場に身を置く方々から、現場目線の有意義な示唆や問題提起をいただいた。事故当事者やその保護者からは、切実な訴えを伺うことができた。

医療界、法曹界、スポーツ界の関係者からは、リスクの低減に役立つ数々の専門的知識の提供を受けた。

そして、私に情報や意見を寄せてくださっただけでなく、私の情報発信に協力してくださった方々もいる。私がネットで配信した記事や、私の意見が掲載された新聞記事を受けて、ネット上で問題提起をさらに進めていただいたり、記事をもって実際に学校や教育行政に問題を訴えかけていただいたりした。

メディア関係者の尽力にも触れなければならない。教育リスクの具体的な問題を、インターネット、新聞、テレビ等の媒体を通じて、機会あるたびに発信していただいた。

これらの蓄積のうえに、本書がある。

光文社新書編集部の廣瀬雄規さんには、いつでも相談に乗っていただき、一緒になって悩んでくださった。廣瀬さんに声をかけていただいて、本当によかった。

以上、すべての方々に、この場を借りて、心からお礼を申し上げたい。

たしかに私たちの社会は、教育リスクを見過ごしてきた。だが他方で、皆様からの情報提供と、皆様による情報発信のおかげで、教育リスクの輪郭が現れてきたのも事実である。本当にありがたいことである。だから私は、子どもと先生の学校生活には、明るい未来があると信じている。

教育リスクの研究は、まだ緒《しょ》に就《つ》いたばかりである。これから先、私たちがどのように動いていくかによって、本書の真価はおのずと定まってくることになるだろう。そのためにも、私自身は、まだまだ学び続けなければならない。どうか今後とも、お力添えをいただくことができれば幸いである。

2015年5月　名古屋市千種区の緑豊かなキャンパスにて

内田良

〈研究活動に関する情報はこちらに随時掲載〉

Yahoo! ニュース個人「リスク・リポート」
(http://bylines.news.yahoo.co.jp/ryouchida/)

ウェブサイト「学校リスク研究所」(http://www.dadala.net/)

ウェブサイト「部活動リスク研究所」(http://www.rirex.org/)

ツイッター・アカウント　@RyoUchida_RIRIS

〈ご連絡事項はこちらまで〉

E-mail：dada@dadala.net

ウェブサイト「学校リスク研究所」のお問い合わせページ
(http://www.dadala.net/contact.html)

日本音楽著作権協会（出）許諾第１５０５７６６－５０１号

内田良（うちだりょう）
名古屋大学大学院教育発達科学研究科准教授。博士（教育学）。専門は教育社会学。学校生活で子どもや教師が出遭うさまざまなリスクについて調査研究ならびに啓発活動をおこなっている。これまで、柔道事故、組体操事故、２分の１成人式、部活動顧問の負担など、多くの問題の火付け役として、情報を発信してきた。ウェブサイト「学校リスク研究所」「部活動リスク研究所」を主宰。最新の記事を、Yahoo! ニュース「リスク・リポート」に発表している。Twitter アカウントは、@RyoUchida_RIRIS 。主な著作に『柔道事故』（河出書房新社）、『「児童虐待」へのまなざし』（世界思想社、日本教育社会学会奨励賞受賞）などがある。

教育《きょういく》という病《やまい》 子《こ》どもと先生《せんせい》を苦《くる》しめる「教育《きょういく》リスク」

2015年６月20日初版１刷発行
2015年８月20日　　４刷発行

著　者 ── 内田　良
発行者 ── 駒井　稔
装　幀 ── アラン・チャン
印刷所 ── 堀内印刷
製本所 ── 榎本製本
発行所 ── 株式会社 光文社
東京都文京区音羽1-16-6(〒112-8011)
http://www.kobunsha.com/
電　話 ── 編集部03(5395)8289 書籍販売部03(5395)8116
業務部03(5395)8125
メール ── sinsyo@kobunsha.com

 ISBN 978-4-334-03863-2

748
二塁手革命
菊池涼介

2年連続ゴールデングラブを獲得、そのグラブさばきにはメジャーも惚れた！　ヒットをアウトにする守備範囲、超シンプル打法で安打量産。今、最もワクワクする選手の野球論。

978-4-334-03851-9

749
アップル、グーグルが神になる日
ハードウェアはなぜゴミなのか？
上原昭宏　山路達也

身の回りの様々な機器がクラウドにつながる「モノのインターネット化」（ＩｏＴ）。この急成長市場を足掛かりとした、巨大ＩＴ企業の企みを解き明かす。【小飼弾氏推薦】

978-4-334-03852-6

750
すごい！　日本の食の底力
新しい料理人像を訪ねて
辻芳樹

日本は食材だけじゃない、人材の宝庫だ。辻調グループ代表が日本の食の先駆者たちを徹底取材。日本を元気にする新世代たちの試みを知れば、これからの「食」の形が見えてくる！

978-4-334-03853-3

751
目の見えない人は世界をどう見ているのか
伊藤亜紗

視覚障害者との対話から、〈見る〉ことを問い直す身体論。〈見えない〉ことは欠落ではなく、脳の内部に新しい扉が開かれること。驚くべき書き手が登場した【福岡伸一氏推薦】

978-4-334-03854-0

752
説得は「言い換え」が9割
向谷匡史

説得とはノーをイエスに転じさせる技術であり、その成否は「言い換え」で決まる。各界のトップからヤクザのドンまで大物たちと対峙してきた著者が、人を動かす話術を伝授！

978-4-334-03855-7

753
人は、誰もが「多重人格」
誰も語らなかった「才能開花の技法」
田坂広志
なぜ、「隠れた人格」を育てると、「隠れた才能」が現れるのか？　21世紀のダ・ヴィンチは、いかにして生まれるか？——新たな「才能開花の技法」を対話形式で説く。
978-4-334-03856-4

754
ヤバいＬＩＮＥ
日本人が知らない不都合な真実
慎武宏　河鐘基
日本人の四割強、国内だけで五八〇〇万人のユーザーを抱えるＬＩＮＥ。その複雑なビジネスモデルを徹底解説し、社会的インフラとしての「責任」を問うノンフィクション。
978-4-334-03857-1

755
入門　組織開発
活き活きと働ける職場をつくる
中村和彦
仕事や会社でのストレス、職場や部門間でのコミュニケーション不足、上司や経営層への不信感ｅｔｃ.。これらの問題を解決するには？「人」「関係性」に働きかける最新理論。
978-4-334-03858-8

756
もしも、詩があったら
アーサー・ビナード
文学において、思考において、そして人生において、「if」の果たす役割はどれだけ大きいことか。古今東西の選りすぐりの名詩を味わいながら、偉大なる「もしも」の数々を紹介。
978-4-334-03859-5

757
やってはいけないダイエット
坂詰真二
流行の「〇〇ダイエット」のほとんどは効果がないか、命の危険！　大ヒット「やってはいけない」シリーズの人気トレーナーが体脂肪だけ減らす確実・安全なダイエット法を伝授。
978-4-334-03860-1

758
東大名物教授の熱血セミナー
日本経済を「見通す」力
伊藤元重

初期段階を終え「ステージⅡ」に入ったアベノミクス。先行き不透明な日本経済を、名物経済学者の読みやすい講義形式でまるっと摑む。今すぐ仕事に使える話題が満載の書。

978-4-334-03861-8

759
見た目は腸が決める
松生恒夫

4万人の腸を見てきた医師が出した結論は、「腸が元気な人は見た目が若い」。食物繊維や腸内細菌の効能、「地中海式和食」など、誰でも見た目が若返る〝快腸〟メソッドを解説。

978-4-334-03862-5

760
教育という病
子どもと先生を苦しめる「教育リスク」
内田良

巨大化する組体操、虐待の問題提起の芽を摘む2分の1成人式、教員の過酷な労働実態……安心・安全と信じられている「教育というお墨付き」に潜むリスクを明らかにする。

978-4-334-03863-2

761
〈オールカラー版〉
美術の誘惑
宮下規久朗

美術作品は人と同じで、出会う時期というものがある。そして、ほんとうに大切なものは、いつまでも生き続ける――。美の原点に触れる、一期一会の物語。【図版125点収録】

978-4-334-03864-9

762
〈オールカラー版〉一生に一度は行きたい
世界の旅先ベスト25
多賀秀行

延べ七〇以上の国と地域を訪ねてきた、旅のプロが選んだ「絶対外さない」「人生が変わる」旅行先。ネットではわからない貴重な情報も多数掲載。必要な体力、旅行代金、日程の目安付き。

978-4-334-03865-6